经律异相

中国佛学经典宝藏

123

李鼎霞　白化文　释译

星云大师总监修

人民东方出版传媒
東方出版社

《中国佛学经典宝藏》
大陆简体字版编审委员会

总序

星云

自读首楞严，从此不尝人间糟糠味；

认识华严经，方知已是佛法富贵人。

诚然，佛教三藏十二部经有如暗夜之灯炬、苦海之宝筏，为人生带来光明与幸福，古德这首诗偈可说一语道尽行者阅藏慕道、顶戴感恩的心情！可惜佛教经典因为卷帙浩瀚、古文艰涩，常使忙碌的现代人有义理远隔、望而生畏之憾，因此多少年来，我一直想编纂一套白话佛典，以使法雨均沾，普利十方。

一九九一年，这个心愿总算有了眉目。是年，佛光山在中国大陆广州市召开“白话佛经编纂会议”，将该套丛书定名为《中国佛教经典宝藏》[①]。后来几经集思广

① 编者注：《中国佛教经典宝藏》丛书，大陆出版时改为《中国佛学经典宝藏》丛书。

益，大家决定其所呈现的风格应该具备下列四项要点：

一、启发思想：全套《中国佛教经典宝藏》共计百余册，依大乘、小乘、禅、净、密等性质编号排序，所选经典均具三点特色：

1. 历史意义的深远性
2. 中国文化的影响性
3. 人间佛教的理念性

二、通顺易懂：每册书均设有原典、注释、译文等单元，其中文句铺排力求流畅通顺，遣词用字力求深入浅出，期使读者能一目了然，契入妙谛。

三、文简意赅：以专章解析每部经的全貌，并且搜罗重要的章句，介绍该经的精神所在，俾使读者对每部经义都能透彻了解，并且免于以偏概全之谬误。

四、雅俗共赏：《中国佛教经典宝藏》虽是白话佛典，但亦兼具通俗文艺与学术价值，以达到雅俗共赏、三根普被的效果，所以每册书均以题解、源流、解说等章节，阐述经文的时代背景、影响价值及在佛教历史和思想演变上的地位角色。

兹值佛光山开山三十周年，诸方贤圣齐来庆祝，历经五载、集二百余人心血结晶的百余册《中国佛教经典宝藏》也于此时隆重推出，可谓意义非凡，论其成就，则有四点可与大家共同分享：

一、佛教史上的开创之举：民国以来的白话佛经翻译虽然很多，但都是法师或居士个人的开示讲稿或零星的研究心得，由于缺乏整体性的计划，读者也不易窥探佛法之堂奥。有鉴于此，《中国佛教经典宝藏》丛书突破窠臼，将古来经律论中之重要著作，做有系统的整理，为佛典翻译史写下新页！

二、杰出学者的集体创作：《中国佛教经典宝藏》丛书结合中国大陆北京、南京各地名校的百位教授、学者通力撰稿，其中博士学位者占百分之八十，其他均拥有硕士学位，在当今出版界各种读物中难得一见。

三、两岸佛学的交流互动：《中国佛教经典宝藏》撰述大部分由大陆饱学能文之教授负责，并搜录台湾教界大德和居士们的论著，借此衔接两岸佛学，使有互动的因缘。编审部分则由台湾和大陆学有专精之学者从事，不仅对中国大陆研究佛学风气具有带动启发之作用，对于台海两岸佛学交流更是帮助良多。

四、白话佛典的精华集萃：《中国佛教经典宝藏》将佛典里具有思想性、启发性、教育性、人间性的章节做重点式的集萃整理，有别于坊间一般“照本翻译”的白话佛典，使读者能充分享受“深入经藏，智慧如海”的法喜。

今《中国佛教经典宝藏》付梓在即，吾欣然为之作序，并借此感谢慈惠、依空等人百忙之中，指导编修；吉广舆等人奔走两岸，穿针引线；以及王志远、赖永海等大陆教授的辛勤撰述；刘国香、陈慧剑等台湾学者的周详审核；满济、永应等“宝藏小组”人员的汇编印行。他们的同心协力，使得这项伟大的事业得以不负众望，功竟圆成！

《中国佛教经典宝藏》虽说是大家精心擘划、全力以赴的巨作，但经义深邈，实难尽备；法海浩瀚，亦恐有遗珠之憾；加以时代之动乱，文化之激荡，学者教授于契合佛心，或有差距之处。凡此失漏必然甚多，星云谨以愚诚，祈求诸方大德不吝指正，是所至祷。

一九九六年五月十六日于佛光山

原版序

敲门处处有人应

慈惠

《中国佛教经典宝藏》是佛光山继《佛光大藏经》之后，推展人间佛教的百册丛书，以将传统《大藏经》精华化、白话化、现代化为宗旨，力求佛经宝藏再现今世，以通俗亲切的面貌，温渥现代人的心灵。

佛光山开山三十年以来，家师星云上人致力推展人间佛教，不遗余力，各种文化、教育事业蓬勃创办，全世界弘法度化之道场应机兴建，蔚为中国现代佛教之新气象。这一套白话精华大藏经，亦是大师弘教传法的深心悲愿之一。从开始构想、擘划到广州会议落实，无不出自大师高瞻远瞩之眼光，从逐年组稿到编辑出版，幸赖大师无限关注支持，乃有这一套现代白话之大藏经问世。

这是一套多层次、多角度、全方位反映传统佛教文化的丛书，取其精华，舍其艰涩，希望既能将《大藏经》

深睿的奥义妙法再现今世，也能为现代人提供学佛求法的方便舟筏。我们祈望《中国佛教经典宝藏》具有四种功用：

一、是传统佛典的精华书

中国佛教典籍汗牛充栋，一套《大藏经》就有九千余卷，穷年皓首都研读不完，无从赈济现代人的枯槁心灵。《宝藏》希望是一滴浓缩的法水，既不失《大藏经》的法味，又能有稍浸即润的方便，所以选择了取精用弘的摘引方式，以舍弃庞杂的枝节。由于执笔学者各有不同的取舍角度，其间难免有所缺失，谨请十方仁者鉴谅。

二、是深入浅出的工具书

现代人离古愈远，愈缺乏解读古籍的能力，往往视《大藏经》为艰涩难懂之天书，明知其中有汪洋浩瀚之生命智慧，亦只能望洋兴叹，欲渡无舟。《宝藏》希望是一艘现代化的舟筏，以通俗浅显的白话文字，提供读者遨游佛法义海的工具。应邀执笔的学者虽然多具佛学素养，但大陆对白话写作之领会角度不同，表达方式与台湾有相当差距，造成编写过程中对深厚佛学素养与流畅白话语言不易兼顾的困扰，两全为难。

三、是学佛入门的指引书

佛教经典有八万四千法门，门门可以深入，门门是无限宽广的证悟途径，可惜缺乏大众化的入门导览，不易寻觅捷径。《宝藏》希望是一支指引方向的路标，协助十方大众深入经藏，从先贤的智慧中汲取养分，成就无上的人生福泽。

四、是解深入密的参考书

佛陀遗教不仅是亚洲人民的精神归依，也是世界众生的心灵宝藏。可惜经文古奥，缺乏现代化传播，一旦庞大经藏沦为学术研究之训诂工具，佛教如何能扎根于民间？如何普济僧俗两众？我们希望《宝藏》是百粒芥子，稍稍显现一些须弥山的法相，使读者由浅入深，略窥三昧法要。各书对经藏之解读诠释角度或有不足，我们开拓白话经藏的心意却是虔诚的，若能引领读者进一步深研三藏教理，则是我们的衷心微愿。

大陆版序一

《中国佛教经典宝藏》是一套对主要佛教经典进行精选、注译、经义阐释、源流梳理、学术价值分析，并把它们翻译成现代白话文的大型佛学丛书，成书于二十世纪九十年代，由台湾佛光文化事业有限公司出版，星云大师担任总监修，由大陆的杜继文、方立天以及台湾的星云大师、圣严法师等两岸百余位知名学者、法师共同编撰完成。十几年来，这套丛书在两岸的学术界和佛教界产生了巨大的影响，对研究、弘扬作为中国传统文化重要组成部分的佛教文化，推动两岸的文化学术交流发挥了十分重要的作用。

《中国佛学经典宝藏》则是《中国佛教经典宝藏》的简体字修订版。之所以要出版这套丛书，主要基于以下的考虑：

首先，佛教有三藏十二部经、八万四千法门，典籍浩瀚，博大精深，即便是专业研究者，穷其一生之精力，恐也难阅尽所有经典，因此之故，有“精选”之举。

其次，佛教源于印度，汉传佛教的经论多译自梵语；加之，代有译人，版本众多，或随音，或意译，同一经文，往往表述各异。究竟哪一种版本更契合读者根机？哪一个注疏对读者理解经论大意更有助益？编撰者除了标明所依据版本外，对各部经论之版本和注疏源流也进行了系统的梳理。

再次，佛典名相繁复，义理艰深，即便识得其文其字，文字背后的义理，诚非一望便知。为此，注译者特地对诸多冷僻文字和艰涩名相，进行了力所能及的注解和阐析，并把所选经文全部翻译成现代汉语。希望这些注译，能成为修习者得月之手指、渡河之舟楫。

最后，研习经论，旨在借教悟宗、识义得意。为了将其思想义理和现当代价值揭示出来，编撰者对各部经论的篇章品目、思想脉络、义理蕴涵、学术价值等所做的发掘和剖析，真可谓殚精竭虑、苦心孤诣！当然，佛理幽深，欲入其堂奥、得其真义，诚非易事！我们不敢奢求对于各部经论的解读都能鞭辟入里，字字珠玑，但希望能对读者的理解经义有所启迪！

习近平主席最近指出：“佛教产生于古代印度，但传入中国后，经过长期演化，佛教同中国儒家文化和道家文化融合发展，最终形成了具有中国特色的佛教文化，给中国人的宗教信仰、哲学观念、文学艺术、礼仪习俗等留下了深刻影响。”如何去研究、传承和弘扬优秀佛教文化，是摆在我们面前的一个重要课题，人民东方出版传媒有限公司拟对繁体字版的《中国佛教经典宝藏》进行修订，并出版简体字版的《中国佛学经典宝藏》，随喜赞叹，寥寄数语，以叙因缘，是为序。

二〇一六年春于南京大学

大陆版序二

依空

身材高大、肤色白皙、擅长军事的亚利安人，在公元前四千五百多年从中亚攻入西北印度，把当地土著征服之后，为了彻底统治这里的人民，建立了牢不可破的种姓制度，创造了无数的神祇，主要有创造神梵天、破坏神湿婆、保护神毗婆奴。人们的祸福由梵天决定，为了取悦梵天大神，需要透过婆罗门来沟通，因为他们是从梵天的口舌之中生出，懂得梵天的语言——繁复深奥的梵文，婆罗门阶级是宗教祭祀师，负责教育，更掌控了神与人之间往来的话语权。四种姓中最重要的是刹帝利，举凡国家的政治、经济、军事、文化等等都由他们实际操作，属贵族阶级，由梵天的胸部生出。吠舍则是士农工商的平民百姓，由梵天的膝盖以上生出。首陀罗则是被踩在梵天脚下的土著。前三者可以轮回，纵然几世轮转都无法脱离原来种姓，称为再生族；首陀罗则连轮回的因缘都没有，为不生族，生生世世为首陀罗，子孙也倒霉跟着宿命，无法改变身份。相对于此，贱民比首陀罗更为卑微、低贱，连四种姓都无法跻身其中，只能从事挑粪、焚化尸体等最卑贱、龌龊的工作。

出身于高贵种姓释迦族的悉达多太子，为了打破种姓制度的桎梏，舍弃既有的优越族姓，主张一切众生皆平等，成正等觉，创立了佛教僧团。为了贯彻佛教的平等思想，佛陀不仅先度首陀罗身份的优婆离出家，后度释迦族的七王子，先入山门为师兄，树立僧团伦理制度。佛陀更严禁弟子们用贵族的语言——梵文宣讲佛法，而以人民容易理解的地方口语来演说法义，这就是巴利文经典的滥觞。佛陀认为真理不应该是属于少数贵族、知识分子的专利或装饰，而应该更贴近普罗大众，属于平民百姓共有共知。原来佛陀早就在推动佛法的普遍化、大众化、白话化的伟大工作。

佛教从西汉哀帝末年传入中国，历经东汉、魏晋南北朝、隋唐的漫长艰巨的译经过程，加上历代各宗派祖师的著作，积累了庞博浩瀚的汉传佛教典籍。这些经论义理深奥隐晦，加以书写的语言文字为千年以前的古汉文，增加现代人阅读的困难，只能望着汗牛充栋的三藏十二部扼腕慨叹，裹足不前。

如何让大众轻松深入佛法大海，直探佛陀本怀？佛光山开山宗长星云大师乃发起编纂《中国佛教经典宝藏》。一九九一年，先在大陆广州召开“白话佛经编纂会议”，订定一百本的经论种类、编写体例、字数等事项，礼聘中国社科院的王志远教授、南京大学的赖永海教授分别为中国大陆北方与南方的总联络人，邀请大陆各大学的佛教学者撰文，后来增加台湾部分的三十二本，是为一百三十二册的《中国佛教经典宝藏精选白话版》，于一九九七年，作为佛光山开山三十周年的献礼，隆重出版。

六七年间我个人参与最初的筹划，多次奔波往来于大陆与台湾，小心谨慎带回作者原稿，印刷出版、营销推广。看到它成为佛教徒家中的传家宝藏，有心了解佛学的莘莘学子的入门指南书，为星云大师监修此部宝藏的愿心深感赞叹，既上契佛陀“佛法不舍一众”的慈悲本怀，更下启人间佛教“普世益人”的平等精神。尤其可喜者，欣闻现大陆出版方东方出版社潘少平总裁、彭明哲副总编亲自担纲筹划，组织资深编辑精校精勘；更有旅美企业家鲁彼德先生事业有成之际，秉“十方来，十方去，共成十方事”之襟怀，促成简体字版《中国佛学经典宝藏》的刊行。今付梓在即，是为序，以表随喜祝贺之忱！

二〇一六年元月

目　录

题解

《经律异相》的入藏及版本情况和著者问题

《经律异相》五十卷，今入藏，俱存。又目录五卷，今佚。书前有序，述编纂经过与旨趣甚明，请参阅附录一。

此书纂成后即收入经藏，流传有序。自《历代三宝纪》以下，现存历代经录均沿袭著录，请参阅本书附录。有关刻印本《大藏经》的收录及著录（特别是著录作者项）的情况，请参阅本书附录。

从附录二、三中可以看出，作者项著录混乱，主要有两种不同的著录法：一种署“宝唱等”，一种署“僧旻、宝唱等”。在学术界，还导引出《经律异相》是在

《众经要钞》基础上改编的说法。我们认为，根据前引自序并参考唐代及其以前之经录，均明确著录“敕宝唱等撰”的事实，据此，说明著者为“宝唱等”，在唐代和唐以前之朝代本不成问题，成问题的是宋代大藏以下的混乱著录。这一切恐怕都从附录二中所引的那段《三宝纪》的错误记录开始，再加上《内典录》跟着错了，致使后来诸藏著录时模棱两可，一误再误。

按：附录一《序》中提到僧旻主编的那部书，就是《众经要钞》。它与《经律异相》有何关系，可以先从《经律异相》的书名谈起。

书名《经律异相》的“经律”二字，应该看成是对译自西土而非此方著述的概括性总称，也就是译经的总称。佛经分类习称经、律、论三藏，此书中也选录了《大智度论》等论藏材料，按说应加个“论”字，却省略了。揆其原因，一、因按翻译佛经常用的四个音节为一音段取名，所以省略一字。二、因当时中国（此方）僧俗人等写的论文，与佛教有关或无关的，也常加“论”字，即以佛教论文为例，如《出三藏记集》卷十二著录的“论”就不少，很容易导致误解。再则，按佛藏分类法，此方著述常附于“论”部之下。“经律”足以赅括译出的全藏，加上“论”字倒有可能导致淆乱。

“异相”二字，则是对“同相”而言。它们合称“二相”，是一组内涵相对又相成的佛教术语。“同相”指事物的共性，按佛教的说法，它是“真如”，是“本原”。也就是说，它是带有总的规律性的理论性的东西。“异相”则是表现于存在中（包括神话、故事等）的实在的具体形象，它们表现出千差万别的“差别相”，它们是“真如”的具体体现。《大乘起信论》曾用一个譬喻来说明：“言同相者，譬如种种瓦器皆同微尘性相。……言异相者，如种种瓦器各各不同。”译经中的“异相”，指的是为说明佛教教理而讲述的故事、寓言、譬喻、传说，包括本生经、佛传、西土佛教史话，为解经而采用的寓言、譬喻、故事等等。

书名《经律异相》，很明确，它就是译经三藏中“异相”的分类选辑汇编，属于佛教类书范畴。实际上，前引《经律异相·序》中，已将选辑汇编旨趣与全书内涵说得很清楚：梁武帝在天监七年（公元五〇八年）敕释僧旻等编辑一部佛教教理分类选辑汇编。据《历代三宝纪》卷十二的著录，这部书是《众经要钞》并目录八十八卷。天监七年十一月开始编纂，天监八年（公元五〇九年）夏四月完成。可惜，这部大类书大约在唐代佚失，《开元释教录》的《入藏录》中对它已不做记录了。

宝唱参与了《众经要钞》的编纂，但他并未居功，在他编辑的经录中（《历代三宝纪》引《宝唱录》），没有把自己的名字写上。到了天监十五年末，梁武帝认为，《众经要钞》虽然“于钻求者已有太半之益”——也就是说，还缺乏另外的“少半之益”，那就是“希有异相，犹散众篇，难闻秘说，未加标显”。于是敕宝唱编辑《经律异相》，并敕释僧豪、释法生等相助。

对照来看，《众经要钞》主要是编录“同相”资料的类书，就是夹杂点“异相”，也不会太多。《经律异相》则是专录“异相”的。按编纂意图，两部书有明确分工。两书的主编，一为僧旻，宝唱助编；一为宝唱，僧旻未参加。

可是，又怎样理解附录《三宝纪》《内典录》那两段话呢？这两部经录（以及其他隋唐经录）在单独著录《经律异相》时，著者项又明确地著录为“宝唱（或：宝唱等）”，这个矛盾又怎样解释呢？

我们大胆地假设：《历代三宝纪》卷十一中那段讲梁武帝敕令编书的话，在费长房编写时，或在后来的转录中，抄丢了一段。试据《经律异相·序》酌为试补如下：

……至天监七年，以为‘象正渐末，信乐弥衰，文句浩漫，鲜能该洽’。敕沙门僧旻〔等备钞众典，显证深文，控会神宗，辞略意晓，于钻求者已有太半之益。但希有异相，犹散众篇，难闻秘说，未加标显。又以十五年末，敕〕宝唱等录经律要事，以类相从，名《经律异相》，凡五十卷。……

方括弧内是我们试补的。以上这段文字，是费长房抄的《经律异相·序》，不知是费长房当时就抄漏了，还是后人转录时抄丢了，总之抄漏了五十一个字，按当时抄佛经每行十七字计，正好三行。丢掉三行后，前后句意又能勉强对得上，其疏漏不易发现。编辑《大唐内典录》时，道宣所见已是这个没抄全的本子，照抄不误，可就沿袭其误了。后来一误再误，均源于此。此外，还有个旁证。《续高僧传》卷五《僧旻传》：

……六年（按：天监六年；下“十一年”同）……仍选才学道俗释僧智、僧晃、临川王记室、东莞刘勰等三十人，同集上定林寺，抄一切经论，以类相从，凡八十卷（按：这就是《众经要钞》），皆令取衷于旻。十一年春，忽感风疾。后虽小间，心犹忘误，言语迟蹇。……

僧旻的病，显然是脑中风失语后遗症。据《僧旻传》，为恢复健康，僧旻用好几年时间“礼忏”，这是一种具有坚强信仰的良好心理治疗，极有助于康复。僧旻擅长和最有兴趣的是讲经，与宝唱的致力于编纂不同。

据本传，他在天监末年（当指天监十七、十八年）

病初愈后复出，主要仍事讲经。据此，他在天监十五年参加编纂《经律异相》的可能性不大。

总之，《经律异相》的主编是宝唱，助编是僧豪、法生，僧旻没有参加编纂。《经律异相》并不是在《众经要钞》的基础上改编的。它们一录“异相”，一录“同相”，是内容不同的两部书。

《经律异相》主编释宝唱生平及其述作

释宝唱的生平，主要见于附录四所引《续高僧传》卷一《宝唱传》。此传是最奇特的僧传之一。它把宝唱的传记分割成三部分，头一部分记述宝唱前半生情况和他参与敕撰内典的活动，正值他的黄金时期。第二部分却是梁武帝兴佛崇法的记录，简直就是小半部武帝本纪。第三部分，主要记述宝唱自己的编纂工作，和他受遣的情况。这篇僧传的缺点是叙事前后颠倒之处颇多。下面，以本传为主，参稽诸家经录、僧传、史志等，大致按年代先后，调查稽考宝唱生平。

宝唱生卒年，研究者皆云不详。我们推论，宝唱大约生于公元四六六年或四六七年，即宋明帝泰始二年至三年之间。理由是：一、本传“将及三十，天荫既崩，丧事云毕”后，紧接着叙述建武二年（公元四九五年）出都事；估计那一年宝唱约三十岁。二、宝唱十八岁时投入僧祐门下。僧祐的业师法颖，建元四年（公元四八二年）入寂。僧祐大事开讲律学，并奉敕往三吴试简僧众，都是永明年中（公元四八三—四九三年）的事。三、吴是六朝时习用的一个地区总称，具体说法有二，但都包括宝唱少年时务农的老家吴郡。结合上项估计，宝唱最早也得在公元四八四—四八五年之间才能依僧祐出家。

宝唱出家后，随僧祐住建康（今南京市）宣阳门外庄严寺。这是个大寺，刘宋大明三年（公元四五九年）路太后捐资兴建，有七重塔。僧旻也在这里住过。宝唱从僧祐努力学习经律，在僧祐的众多宗嗣中表现突出。他又随处士顾道旷、吕僧智等学习儒、道两家经典，以致有人误会他要还俗。估计这是公元四八五年至四九四年十年间的事。这十年左右，是他的学习、准备时期。约在建武二年（公元四九五年），他在为所亲办完丧事后不久，离开建康云游五年。后来中了“风疾”，这大约是公元四九九年左右的事。其时他年约三十五岁。

永元元年（公元四九九年）八月，南齐始安王遥光起事，败死后，齐帝大杀群臣。永元二年（公元五〇〇年）八月，北魏大败齐兵；十一月，萧衍起兵襄阳；十二月，萧颖胄起兵江陵。永元三年（公元五〇一年）

正月，萧宝融在江陵自立为帝（和帝）；六月，齐巴陵王萧昭胄谋自立，事泄，死；十月，萧衍兵围建康，十二月入城，齐帝被杀。永元四年（公元五〇二年）四月，萧衍即帝位，至八月，局面大致平定。在这一段时间里，宝唱先逃难到浙江绍兴一带，后来又远游福建沿海。

天监四年（公元五〇五年），他回到建康，奉敕为新安寺主。新安寺是当时名寺，刘宋以来屡有名僧住持，宝唱得膺此职，说明他已有相当声望。从此以后，直到有明确记录的天监十七年（公元五一八年）为止，还可再下推到记录不甚明确的普通初年，宝唱颇受梁武帝萧衍宠眷，成为御用僧人，从事了大量的佛经编纂工作。这段时间约十七八年，宝唱的年岁，大约在四十岁至五十七八岁之间，正当壮年。这是他一生中成就最辉煌的时期。罗列这一时期他所做的主要工作，大致如下：

一、从天监五年（公元五〇六年）到普通元年（公元五二〇年），奉敕列席僧伽婆罗为译主的译场，担任笔受。共译出十一部三十八卷。参译的同事有慧超（太原王氏，曾为“寿光学士”，不是另一位阳平廉氏任僧正的慧超）、僧智、法云、袁昙允（居士）等，都是一时之选。宝唱是有心人，究心译学，学会了梵文。

二、奉敕参加建元寺释法朗为《大般涅槃经》作“子注”的工作。时间在“天监初”，估计在天监四年（公元五〇五年）后，天监七年（公元五〇八年）前。

三、奉敕参加僧旻（公元四六七—五二七年）主编的《众经要钞》八十八卷的编纂工作。参加的人还有僧亮、僧晃、刘勰等，也都是一时之选。时间是天监七年（公元五〇八年）十一月至八年（公元五〇九年）四月。地点在上定林寺。如此大部头类书能这样迅速地完成，估计与充分地利用了上定林寺的经藏有关。该经藏是当时收藏最完备的佛教专业图书馆，长期由刘勰主持。这次工作，在图书馆业务和类书编纂工作两方面，对宝唱这位有心人来说，都是一次很好的锻炼。

四、天监十五年至十六年（公元五一六—五一七年）之间，以宝唱为主编，奉敕编纂出八部书，包括《经律异相》在内。此外，宝唱自编《名僧传》《比丘尼传》两部，合共十种。周叔迦先生《释典丛录》中“经律异相”一则提要所论极为简要。请参阅附录五。

周先生讲到了宝唱所编的十种书。其中，《经律异相》之外，《比丘尼传》具存，诸藏均收。其他，则：

《名僧传》原本三十卷，目录一卷。现有日本僧人节抄本《名僧传钞》一卷，卷首具载原目。据卷末题记，系日本文历二年（公元一二三五年，宋理宗端平二年）五月十五日至十八日（是年九月改元“嘉祯”），在日本笠置寺节抄，所据《名僧传》，乃日本东大寺东南院经藏藏书，不知今日尚在否？周叔迦先生《释典丛录》中有“《名僧传钞》一卷”“《比丘尼传》四卷”的提要，均载于《周叔迦佛学论著集》下册，请参阅，不赘述。《名僧传钞》收入于《大日本续藏经》乙编第七套第一册，中国有一九二三年商务影印本，不难得见。

《众经忏悔灭罪法》三卷，后来衍化为《慈悲道场忏法》十卷，俱存，入藏。周叔迦先生《释典丛录》中有提要，述其源流甚明。亦请参阅，不赘述。

又，《翻梵语》十卷，撰者不详，由日本入唐求法僧圆仁携回日本，今收入《大正藏》第五十四卷中。此书保存有宝唱《翻梵言》《出要律仪》两书的片段。

其余诸书均佚。

五、此外，尚有奉敕编纂的《续法轮论》七十余卷、《法集》一百四十卷，“并唱独断专虑，缵结成部。既上亲览，流通内外”。

六、天监十四年（公元五一五年），敕命安乐寺释僧绍撰写皇家佛经图书馆馆藏图书目录《华林佛殿众经目录》四卷。“未惬帝旨”，又敕命宝唱改编这部目录。天监十五年完成。但《三宝纪》卷十五记为“十七年”，可能十五年奉敕，十七年完成。《三宝纪》卷十五著录此书为《梁世众经目录》。姚名达《中国目录学史》中（第二五〇页）以为：“原名必为‘大梁’，而非‘梁世’”，极正确。《三宝纪》备载此书四卷的目录，据以知其分类："都二十件，凡一千四百三十三部，三千七百四十一卷。"这是我国第一部国家（而非佛寺）佛教专业图书馆馆藏分类目录。其中新立类七类，乃是宝唱的创造。补说一句，"件"是当时习用语"件目"的略语，略与现代语"细目"义近。

这部目录完成后，"雅惬时望，遂敕掌华林园宝云经藏。搜求遗逸，皆令具足。备造三卷，以用供上"。（本传）宝唱是已知我国以僧人执掌国家佛教图书馆的第一位专家（馆长）。从他编目、访书和抄录复本的工作量考虑，他在馆工作时间不会少于四五年。估计从天监十五年（公元五一六年），至少得进行到普通元年（公元五二〇年）。以后，他又参加了下面所说的工作，未必能专心致志于图书馆事业。

七、参加敕命开善寺释智藏（公元四五八—五二二年）等"二十大德"编纂的《义林》八十卷的编纂。时间：《三宝纪》云"普通年"，当在普通元年（公元五二〇年）至普通三年（公元五二二年）之间。《内典录》误书为"大通年"。

以上七大项工作，大致都是宝唱在天监五年至普通三年（公元五〇六—五二二年）之间参与或独立完成的。当时他的年岁约在四十岁到五十六七岁之间。这段时间，也正值梁初政治安定，大兴佛法之时。时势给宝唱创造了良好条件，宝唱也尽了最大努力来利用这良好的条件。在这里补充说明一下，《续高僧传》把梁武帝兴佛的事迹，也就是相当于半部武帝本纪的传记，插入宝唱传中叙述，似乎是在点明：梁武帝的兴佛工作，特别是编译典藏业务，与宝唱密不可分。连武帝自己注经，可能也有宝唱的翊赞。

在上述十七八年的工作中，宝唱做了非常人所能完成的大量工作，成绩优异。这说明，他是个勤奋自励的人。他三十多岁就得过轻微中风，天监九年（公元五一〇年）四十五岁左右时，这个病又犯了。接着又连发脚气（软脚病）。可以想象，在四十岁至五十六七岁的十六七年间，他有三分之二的时间带病工作。他的性格一定非常坚毅，信仰异常坚定，方能如此。这也是中国许多学问湛深、专事著作的高僧——如后来的玄奘等均有此共同性格。

估计在普通三年到四年之间，宝唱“以脚气连发，入东治疗。去后敕追，因此抵罪，谪配越州（按：这是朝廷的司法处置）。寻令依律以法处断（按：这是交僧正依僧律加国法判决）”，“僧正慧超任情乖旨，摈徙广州”。判决很严厉：“先忏京师大僧寺遍，方徙岭表，永弃荒裔！”幸而梁武帝后来发现，停止发遣。可是，圣眷必然大衰，宝唱只能转为太子萧纲（后来的简文帝）服务去了。宝唱获罪时间，应在普通四年至五年，当时约五十七八岁。此后，他参加了萧纲主持的佛教大类书《法宝联璧》的编纂工作。此书系萧纲在东宫时所纂。按：中大通三年（公元五三一年）四月，昭明太子薨。五月，萧纲立为太子；七月，临轩策拜；以修缮东宫，四年（公元五三二年）九月方入宫。

据《广弘明集》卷四所载湘东王萧绎（后为梁元帝）的《法宝联璧序》，此书纂成于中大通六年（公元五三四年）。编纂的时间，当在公元五三二—五三四年之间。萧绎的《序》，历记参与纂修者共三十八人的仕履、年岁，没有一个僧人。可见宝唱等是在幕后工作的无名英雄。附带说一下，《法宝联璧》，经录著录为二百卷。《序》称二百二十卷，大约是连二十卷目录计算在内。这个时期的佛教大类书，前面常附很长的细目，兼具索引功能。《众经要钞》有“并目录八十八卷”“八十卷”两种记录，便是旁证。《梁书》和《南史》的梁简文帝本纪均载“《法宝联璧》三百卷”，“三”字恐系“二”字之误。

宝唱的生平，大约只能追溯到中大通四年至六年间为止。当时他年约六十五岁以上，六十八岁以下。此后，“不测其终”。

按宝唱在梁武帝朝僧人中的地位，当然不能与僧祐、僧旻、慧超、法云等前后等列，起码要低一个级别。可是，宝唱在编纂、著录、典藏内典方面的工作量，却可说是梁武帝朝第一。当然，僧祐的工作范围全面，影响巨大，非宝唱能比。若专论编纂之功，宝唱不但光耀一时，在中国佛经编译、类书等工具书编纂、目录学、图书馆这些学术领域，自有其巨大贡献，功勋不可磨灭。惜乎过去表而出之者太少。

《经律异相》全书概貌

《经律异相》是一部类书。魏晋南北朝是我国编纂类书的发轫期，所编大类书多依儒家的“天地人三才”宇宙本体观系列编排，这也成为后来中国编类书，特别是大型综合性类书的主要编排形式。《经律异相》的编排方式，也是按宇宙本体观来安排，不过它始于“天部”，终于“地狱部”，其编排次序与内容，是按佛教的宇宙本体观，将三千大千世界的事件、人物，以佛教教理所述为内涵，层层编排。周叔迦先生给《经律异相》写的提要在这点上说得最为简明扼要，请参阅本书附录。它是对《经律异相》内容、分部、则数统计（解决了诸家计数不同之纠纷）等方面所做的最明晰精当的综述。

有关本选本节选、编排、注释的说明

本书是《经律异相》的选本，附注释、语体文译文。节选的原则是：

（一）原书五十卷，各选一则。所选在原卷中或为故事性较强的，或为具有某些典型性的，如似为比较文学中的源头、影响了中国文学的，口语化程度较强的，等等。

（二）限于规定的本书容量，篇幅太长的只能割爱。所选以短小精悍者为多，间收较长而有某些代表性的。

（三）另选出三篇最有代表性的，据所引原书补足删略部分，作为在“源流”“解说”两节中说明问题的例证，放在最前面。

故在全书中共选出五十三则。按则数，约占全书十五分之一；按字数，约占全书的十八分之一。

注释的重点是：（一）佛教术语：尽量以浅显语句解说；（二）当时的口语：说明与现代汉语含义、用法等方面不同，而又容易被现代读者忽略之处；（三）相关的名物、制度、地理、历史等有助于理解的背景材料，尽可能做简明的交代。

口语译文，只是为了帮助读者理解原文，以“达”为主，重在将原故事串联成文。

经典

1　独角仙人情染世欲为淫女所骑

原典

独角仙人情染世欲为淫女所骑[①]

时婆罗奈国[②]山中有仙人，以仲秋之月，于澡槃中小便。见鹿麚麀[③]合会，淫心即发，精流槃中。麀鹿饮之，即时有娠。满月生子，大类如人，头有一角，其足似鹿。鹿当产时，至仙人庵边而产，见子是人，以付仙人而去。仙人出时，见此鹿子，自念本缘[④]，知是己儿，取以养育。及其年大，勤教学习，通十八种大经[⑤]。又学坐禅，行四无量心[⑥]，得五神通[⑦]。

一时[⑧]上山，值大雨泥滑，其足不便，躄地，破其军持[⑨]，又伤其足。便大嗔恚，以军持盛水，咒令不雨。仙人福德，诸龙鬼神皆为不雨。不雨故谷果不生，人民穷乏，无复生路。婆罗奈王忧愁懊恼，命诸大官集议雨事。明者议言：“我闻有一角仙人，上山伤足，嗔咒令十二年不雨。”王思维言：“若十二年不雨，我国了[⑩]矣，无复人民。”王即开募：“若有能令仙人失五通，属我为民者，当与分国半治。”

是婆罗奈国有淫女，名曰扇陀，端正巨富，来应王募，问诸人言：“此是人，非人？”众人言：“是人耳，仙人所生。”淫女言：“若是人者，我能坏之。”作是语已，取金槃，盛好宝物，语王言：“我当骑此仙人来！”淫女即时求五百乘车[⑪]，载五百美女；五百鹿车[⑫]，载种种欢喜丸[⑬]，皆以药草和之，以众彩画之，令似杂果；及持种种大力美酒，色味如水。服树皮衣，行林树间，以像仙人。于仙人舍边作草庵住。

一角仙人游行[⑭]见之，诸女皆出迎逆，好妙华香供养仙人。仙人欢喜，诸女皆以美言敬辞问讯仙人，将入房中，坐好床褥。与好净酒，以为净水；与欢喜丸，以为果蓏。食饮饱已，语诸女言：“我从生已来，初未得如此好果好水！”诸女言：“我一心行善，故天与我愿，得此果水。”仙人问女：“汝何以故肤色肥盛？”答曰：“我曹食此好果，饮此美水，故肥盛如此。”女白仙人言：“汝何以不在此间住？”答言：“亦可住耳。”女言：“可共澡洗。”

即亦可之。女手柔软，触之心动。便复与诸美女更互相洗，欲心转生，遂成淫事，即失神通。天为大雨七日七夜。令得欢乐，饮食七日，酒食皆尽，继以山水、木果，其味不美。更索前者，答言："已尽。今当共取，去此不远，有可得处。"仙人言："随意。"

共出，去城不远，女便卧地，言："我极[15]不能复行。"仙人言："汝不能行者，骑我项上，我当担汝。"女先遣信[16]报王："王可暂[17]出，观我智能。"王见问言："何由得尔？"女曰："以方便力[18]。"无所复能，令住城中，好供养，恭敬之，足其所欲，拜为大臣。

住城少日，身转羸瘦。念禅定心，厌此世欲。王问仙人："汝何不乐？"答曰："虽得五欲[19]，常念林间。"王自思维：若我强违其志，违志为苦，苦极则死。本以求除旱患，今已得之，当复何缘强夺其志[20]？即发遣[21]之。即还山中，精进[22]不久，还得五通。

注释

①**独角仙人情染世欲为淫女所骑：**独角仙人是梵文 Ekaśṛṅga 的意译，也译作"一角仙人"。印度伟大史诗《罗摩衍那》第一篇八、九、十等三章中即述此故事。佛教取之，演化为佛本生故事，见于《佛本行集经》卷

十六、《佛所行赞》卷一、《大智度论》卷十七等经论中。《大唐西域记》卷二亦曾略述此故事梗概。我们以《经律异相》卷三十九所载为基础，用《大智度论》卷十七增改字句，录成此篇。篇题依《经律异相》。

②**婆罗奈国：**梵文 Vārānasī 音译，意译“江绕城”。在今印度北方邦东南部恒河北岸。古代为迦尸（Kāśī）国国都，故迦尸国亦常称为婆罗奈国。

③**麤麀：**麤，公鹿；麀，母鹿。

④**本缘：**佛教术语，意指有事（有因之事）的由来。

⑤**十八种大经：**指《毗伽罗论》等十八类重要佛经。将重要经典分为十八类，是一种古代佛经分类法。通十八种大经，意近于精通一切佛经。

⑥**四无量心：**巴利语 Catasso appamaññāyo 的意译。指佛、菩萨为普度无量众生而应具有的四种精神，即：一、慈无量心，思维如何为群生做好事，给以欢乐（与乐）；二、悲无量心，思维如何才能拯救众生苦难（拔苦）；三、喜无量心，见到众生离苦得乐，感到喜悦；四、舍无量心，对众生无有憎、爱之分别，一视同仁，平等对待。

⑦**五神通：**又名“五通”“五神变”。佛教以为，“不思议”为“神”，“自由自在”为“通”。“不思议自在”的意思，大致可理解为“神妙到无法想象的程度，

随心所欲变化自如”。它具体发挥为五种作用：一、天眼通；二、天耳通；三、他心通；四、宿命通；五、如意通，又叫神境通。见《大智度论》卷五（大正二十五·页九十七下—九十八中）。

⑧**一时：**偶然。这种意义的“一时”，沿用到近代口语中。如《水浒传》第七回：“你丈夫教头和陆谦吃酒，一时重气，闷倒在楼上，叫娘子快去看哩！”老舍《正红旗下》六：“他若是一时心血来潮呢，也许来看看我们。”

⑨**军持：**梵文Kuṇḍi的音译。意为净瓶或澡瓶。南亚次大陆古代修持者和后来的佛教僧人随身所用的盛水器。汉化佛教中观世音菩萨的甘露净瓶即由之蜕化，蜕变成中国式长颈花瓶形状。

⑩**了：**中古口语，义近于近现代口语“完蛋，玩儿完”，亦即“彻底完事”。“了”字此种动词性特殊用法，近现代口语中仍习用，用时带兼含感叹的助词“啦”而说成“了啦”。中古时则如此处用法，称“了矣”。

⑪**乘车：**马车。古代驷马拉的车为“乘”。此处所指未必实指驷马拉的车，只是马车。

⑫**鹿车：**中国汉魏南北朝时把独轮手推车叫作“鹿车”。可能是佛经译者将南亚次大陆的手推式车辆译为“鹿车”，但不一定是独轮。

⑬**欢喜丸：**梵语Mahotikā的意译，音译“摩呼茶

迦”。南亚次大陆的一种团状食物，用奶油调和面粉，并糅合蜜、姜、胡椒、葡萄、胡桃、石榴等多种材料，烹制而成，有多种调料法。有时加上各种药草，使之具有特殊的药效。

⑭**游行：**古代南亚次大陆修行者，包括佛教徒，有在树林中散步深思默想的习惯，称为“游行”或“经行”。

⑮**极：**中古习用语，意为“身体疲累，有病（达到卧床程度的病）”。

⑯**信：**中古习用语，意为“传递、报告消息（包括口头和书面）的人”。

⑰**暂：**有突然地、出人意料地、出其不意地、不久等含义。《说文》:“突，犬从穴中暂出也。”“暂，不久也。”

⑱**方便力：**方便，梵文 Upāya 的意译。佛教名词，含义丰富，主要指为度脱众生所使用的种种灵活方法。方便力，是方便的“力用”，即方便的具体使用与作用。按：扇陀此处用这个词语，有其调谑性。近代小说中恶僧调戏妇女，常说“女施主行个方便”，似已肇端于此等处。

⑲**五欲：**指色、声、香、味、触五种“欲境”，又名“五尘”。佛教认为五欲是人生欲念、烦恼所由起，能染污真性。

⑳**夺其志：**“夺”在古代汉语中的一种特殊含义是“彻

底改变，从原则意义上予以改变”。《论语·泰伯》:“临大节而不可夺也。”“夺”字用此义，意为在原则上，在根本问题上改变。《史记·屈原列传》:“屈平属草稿未定，上官大夫见而欲夺之。”“夺”字亦用此义，意为对草稿做原则上、方向性的改变。《论语·子罕》:“三军可夺帅也，匹夫不可夺志也。”“夺帅”“夺志”都是使动用法。“夺帅”直译是“把统帅强行改变”，亦即将帅被俘虏的委婉说法；“夺志”则是“使意志做强制性的根本转变”。《礼记·儒行》:“身可危也，而志不可夺也。”其义亦同。后来李密的《陈情表》有“舅夺母志”一语，直译就是“我舅父强使我母亲改变了她的原则性立场”，是对母亲改嫁的一种委婉的说法。后来，“夺志”在某些情况下几乎成了“改嫁”的同义语，想是从此而来。

㉑**发遣**：汉代以下中古习用语。原为官府公文术语，意为“以口头宣布或公文形式正式派人出发（带有强制、命令意味）”。如《后汉书·蔡邕传》:“敕陈留太守督促发遣。”本篇的“发遣”即为此义。后来逐渐发展为一般性的“排遣掉、处理掉”之义，如白居易《自问》诗：“老慵难发遣，春病易滋生。”

㉒**精进**：梵文 Vīrya 的意译，音译“毗梨耶”，亦译为“勤”。佛教名词。指按佛教教义，在修善断恶、去染转净的修行过程中，不懈怠地努力。

译文

那时婆罗奈国山中有个仙人，乘着仲秋的月光，在澡盆里小便。这时他看见了公鹿和母鹿交配，即刻就生出欲心，精液流到盆里。那只母鹿喝了它，当时就怀了孕。到妊娠期满生了个儿子，总体长得像人，头上有一个角，脚像鹿。鹿临产时，到仙人住所前生产。生出以后，看生的是人，把他交给仙人就走了。仙人出来，看见这个鹿生的儿子，自己想一想前因后果，知道是自己的儿子，就抱回来抚养。等他长大了，仙人精心教导他学习，把所有的经文全学会了，又学习坐禅，还培养他普度无量众生应该具有的四种精神，得到了五种神通。

一角仙人偶然间上山去，碰上下大雨后泥泞路滑，他的脚走路不方便，扭了脚，净瓶被摔破了，又伤了脚。他大为生气，拿瓶盛了水，念咒不让下雨。仙人是有福德的，各方的龙王鬼神都听他的，不下雨。不下雨，庄稼果实都不生长，人民贫穷没有吃的，没法活下去。婆罗奈王忧愁懊恼，召集大官们讨论为何不下雨的问题。有明白的人说道："我听说有一个一角仙人，上山伤了脚，恼怒诅咒叫十二年不下雨。"国王思虑道："若是十二年不下雨，我国就完蛋了，还有什么老百姓！"国王就张榜招募："若有人能叫仙人失掉五种神通，来当我的部下，我可以分一半国土给他治理。”

这婆罗奈国有个淫女，名字叫扇陀，生得漂亮，十分有钱，来应王榜的招募。她问大家：“这个仙人是人，还是非人？”大家说：“是人，他是仙人生的。”扇陀说：“他若是人，我能破坏他的神通。”她说完这话，拿了金盆，盛上漂亮宝物，对国王说：“到时候我要骑着这个仙人脖子回来！”当时就要了五百辆马车，车上坐有五百美女；又有五百辆独轮车，装有各种各样欢喜丸，欢喜丸都是用许多药草合成的，还在外面涂上颜色，使它像各种果子；还带上各种香醇的美酒，颜色和味道都和水一样。女郎们穿着树皮做的衣服，走在树林里，用这种方式来模仿仙人。她们就在仙人旁边搭起茅草房来住。

一角仙人出来散步修行时看见了她们，她们都出来迎接他，用漂亮的花和香供养仙人。仙人很高兴，女郎们都用好听的话问候他，把他服侍到屋子里，让他坐在漂亮的床褥上。让他喝纯净的美酒，仙人以为是净水哪；给他欢喜丸吃，仙人以为是瓜果哪。他吃饱喝足了，对这些女郎说：“我从出生以来，从没有尝到过这么好的果子和水！”这些女郎说：“我们一心行善，所以上天顺遂我们的愿望，我们才有这样的果子和水。”仙人又问女郎们说：“是什么缘故使你们长得白皙美丽？”女郎们回答说：“我们这些人吃了鲜美的果子，喝了纯净的好水，所以才这样貌美。”女郎们对仙人说：“你为什么不在这儿住？”仙人回答说：“也可以住下。”女郎们说：“我们可以侍候你洗澡。”仙人也就答应了。洗澡时，女郎的手很柔软，触摸着他使他动情。他就跟这些女郎们互相搓澡，又萌发了爱欲之心，就跟这些女郎办成了男女之事，当时就失去了神通。天为此下大雨七天七夜。她们让他沉溺欢乐，吃喝了七天，酒和食品都没了，只得给他喝山里的水和吃树上的果实，这些东西味道不美。仙人还要以前吃的喝的东西，女郎们回答说：“已经没了。现在得一块儿去拿，离这儿不远，有可以拿到的地方。”仙人说：“好吧！”就随女郎们一起出发。

在离城不远的地方，扇陀就躺在地上说：“我累垮了，不能再走了。”仙人说：“你如果不能走，可以骑在我的脖子上，我可以扛着你。”扇陀先派遣使者去向国王报信：“请国王赶紧出来，看看我的智慧和能耐。”国王见到这情况，问道：“你用什么办法能做到这样呢？”扇陀说：“用方便的力量。”仙人再没有什么神通，国王就让他住在城里，好好供养他，对他恭恭敬敬，满足他的欲望，拜他为大臣。

仙人在城里住了不多时候，他的身体越来越瘦。他又萌发了禅定之心，对这些世俗的欲望觉得尝够了。国王问仙人说：“你为什么不高兴？”仙人回答说：“我虽然得到了五欲，却常常思念山林的生活。”国王暗自想道：若是我强行改变他的想法，违背心意很苦，苦到极点就要死。本来是为了求得除掉旱灾，现在这愿望已经实现了，为什么还要勉强改变他的心意呢？当时就下令把仙人送走。仙人回到山里，不懈地努力修行，不久再得回了五种神通。

2　商人驱牛以赎龙女得金奉亲

原典

商人驱牛以赎龙女得金奉亲[①]

佛住舍卫城[②]南，有大林邑[③]，商人驱八牛到北方俱哆国[④]。复有商人，共在泽中放牛。时离车[⑤]捕龙食之，得一龙女。龙女受布萨法[⑥]，无害心，能使人穿鼻牵行。

商人见之，即起慈心，问离车言："汝牵此欲作何等[⑦]？"答言："我欲杀啖。"商人言："勿杀。我与汝一牛，贸取[⑧]放之。"捕者不肯，乃至八牛，方言："今为汝故，我当放之。"即取八牛，放去龙女。

时商人复念："此是恶人，恐复追逐，更还捕取。"即自随逐，看其所向。到一池边，龙变为人身，语商人言："天[9]施我命，今欲报恩。可共我入宫，当报天恩。"商人答言："不能。汝等龙性卒暴，嗔恚无常，或能杀我。"答言："不尔。前人系我，我力能杀彼，但以受布萨法，故都无杀心。何况天今施我寿命而当[10]加害？若不去者[11]，小住[12]此中。我今先入摒挡[13]宫中。"即便入去。

是龙门边见二龙系在一处，商人见已，问言："汝为何事被系？"答言："此龙女半月中三日受斋法[14]，我兄弟守护此龙女不坚固，为离车所得，以是故被系。唯愿天慈，语令放我。此龙女若问欲食何等食者，龙宫中有食，尽寿[15]乃能消者；有二十年消者；有七年消者；有阎浮提[16]食。若索者，当索阎浮提人间食。"

龙女摒挡已，便即呼入，坐宝床褥上。龙女言："天今欲食何等食？"答言："欲须阎浮提人间食。"即下种种食[17]。问龙女言："此人何故被系？"龙女言："天但食，用问为[18]？""不尔，我要欲[19]知之。"为问不已。龙女言："此有过，我欲杀之。"商人言："汝莫杀。""不尔，要当[20]杀之。"商人言："汝放彼者，我当食耳。"白言："不得直尔[21]放之，当罚六月摈置人间！"即罚六月人间。

商人问言："汝有如是庄严[22]，用受布萨为[23]？"答言："我龙法有五事苦。何等五？生时龙、眠时龙、淫时龙、嗔时龙、死时龙。一日之半，三过皮肉落地，热沙抟身。"

复问："汝欲求何等？"答："我欲求人道[24]中生。"问：

“我已得人身，应求何等？”答言：“出家难得。”又问：“当就[25]谁出家？”答言：“如来、应供、正遍知[26]，今在舍卫城。未度者度，未脱者脱。汝可就出家。”便言：“我欲还归[27]！”龙女即与八饼金[28]，语言：“此是龙金，足[29]汝父母眷属终身用不尽。”语言：“汝合眼！”即以神变[30]持着[31]本国。

行伴[32]先至，语其家，言入龙宫去。父母谓儿已死，眷属宗亲聚在一处，悲号啼哭。时放牧者及取新草人见已，先还语其家，言某甲[33]来归。家人闻已，即大欢喜，出迎入家已，为作生会[34]。作生会时，以八饼金持与父母：“此是龙金，截已便生，尽寿用之，不可尽也。”

注释

①**商人驱牛以赎龙女得金奉亲：**题目据《经律异相》卷四十三所定。录文依《经律异相》，以《摩诃僧祇律》卷三十二（大正二十二·页四八八下—四八九上）所载校补。

②**舍卫城：**舍卫，梵文 Śrāvastī 的音译。古代南亚次大陆憍萨罗（Kosala）国晚期的首都。释迦牟尼成道后在此生活过二十五年，并建立了祇园精舍（Jetavanā）等佛教中心。其地在今印度北方邦境内。

③**大林邑：**梵文 Mahāvana，意译“大林”，音译“摩诃伐那”。地点今不明。

④**俱哆国：**俱哆，梵语 Kuru 的音译。北方俱哆国，一般译作北俱卢洲，是四大部洲之一。此处似指该洲中一城。

⑤**离车：**梵文Licchavi的音译，意译“薄皮（氏族）”。古代南亚次大陆刹帝利（Kṣatriya）种姓中一族之专名。此处似用来指称捕龙的那位商人是该氏族中一员，不是那商人的名字。

⑥**布萨法：**布萨，梵文 Upavasatha 的音译，意译为“净住”“善宿”“长养”“断增长”。布萨法是佛教四众定期学习戒律，忏悔所犯罪过的一种方式。出家僧尼每半月（十四日或十五日与二十九日或三十日）集会一次，专诵戒律，称为“说戒”，谓能长养善法。在家信徒，于每月的六斋日实行“八戒”，亦谓能增长善法。龙女所行的是在家二众的布萨法，即每月的八日、十四日、十五日、二十三日、二十九日、三十日受持“八关斋戒”，上半月、下半月各三天。故下文有“半月中三日受斋法”的说法。

⑦**何等：**中古习用语，相当于现代疑问代词“什么”。“作何等”意近于现代北京方言“干吗”。

⑧**贸取：**中古习用语，意近于现代语“买过来”“买

到手”。

⑨**天**：古人认为天是最高主宰和依靠对象，是万物受其覆育赖以生存的实体。此处称救命恩人为“天”，是对恩人感激敬重之极的称呼。近代妇女在哭喊亡夫时，常叫“我的天哪！”含义与用法与此相近。

⑩**而当**：中古习用的表示转折、反问的连词，相当于现代的“还要”“可还要”。

⑪**若不去者**：如果（您）暂时不走（不往别处）的话。

⑫**小住**：汉魏南北朝时的“小住”，是“稍微停留一下”之意，后来逐渐发展为“暂时居住”。此处用前一义。

⑬**摒挡**：中古习用语，意为“收拾、料理”。在一定语言环境条件下，引申为进行室内扫除。也写作“屏当”“并当”等。玄应《一切经音义》卷十二,《贤愚经》第十四卷音义：“摒挡，谓扫除也。”又卷十五,《十诵律》第二十六卷音义；卷十六,《善见律》第一卷音义：“《通俗文》：‘除物曰摒挡。’”

⑭**半月中三日受斋法**：参阅前注“布萨法”。

⑮**尽寿**：佛经中习用语，亦作“尽形寿”，相当于“有生之年”的意思。

⑯**阎浮提**：梵文 Jambudvīpa 的音译。佛教所说须弥山四方咸海中有四洲，南方即此洲，故又译为“南赡部洲”。传说此洲生长有“赡部（巴利文 Jambu）”树，故名。

南亚次大陆在此洲之上。阎浮提食，义为人间食品。

⑰**下种种食**：下食，中古习用语，义为送上食物，义近于现代的“上菜”和“上饭”。下种种食，就是上各样饭菜。南朝刘义庆《世说新语·德行》：“陈太丘诣荀朗陵……即至，荀使叔慈应门，慈明行酒，余六龙下食。”《南史·隐逸传上·杜京产》：“〔京产〕子栖躬自屣履，为瓛生徒下食。”

⑱**用问为**：“用……为”是中古习用的一种表反诘的凝固形式，义近于“干什么”。“用问为”的意思是“问（这个）干什么”，带有轻微的厌烦意味。

⑲**要欲**：中古习用语，义近于“很想”“很愿意”，带有一种迫切愿望情味。

⑳**要当**：中古习用助动词，义为“必须”“应当”。

㉑**直尔**：中古习用语，义为“只是这样”“就这样（干脆）”。

㉒**庄严**：本中古习用语，本义似为整理好随身衣饰，佛教用为表示“以善美装饰国土，以功德、服饰装饰身体”，并具体解释成有多种庄严（如二十九种庄严）。这里所说的“庄严”，似是这个词的一种随机变用，意指龙女的形象是服饰整饬善美，持戒内外清净，且对下属二龙裁断威严凛凛。

㉓**用受布萨为**：还受布萨干什么。参看前注“用问

为”。

㉔**人道：**佛教主张“六道轮回”说，“人道”是六道之一。

㉕**就：**动词，意为“主动地往前去（接近某人或做某事）”。

㉖**如来、应供、正遍知：**释迦牟尼佛有十种称号，称“十号”。此处以三种连称一人，犹现代之以“导师、领袖”等连称一人也。如来，梵文 Tathāgata 的意译，音译“多陀阿伽陀”。“如”亦名“如实”，即真如，指佛所说的“绝对真理”，循此真如达到佛的觉悟，故名。应供，梵文 Arhat 的意译，音译“阿罗诃”，意为已断一切烦恼，应受一切人天供养。正遍知，梵文 Samyaksambuddha 的意译略称，全称“正遍知者”“正等觉者”，音译“三藐三佛陀”，意为知一切法。

㉗**还归：**中古习用语，义为“回家”“回老家”。

㉘**饼金：**“饼”作为量词，中古习用。作为对黄金的量词亦用。如《南史·褚彦回传》：“有人求官，密袖中将一饼金，因求请间，出金示之，曰：‘人无知者。’”按：饼金如现代的方格状巧克力那样，可以多饼连在一起，用时“截取”，如本篇下文所云。

㉙**足：**犹今语“足够”。

㉚**神变：**佛教术语。《法华玄赞》卷二：“妙用无方

曰神，神通变异曰变。”按：佛教之神变分三类：说法神变、教诫神变、神通神变。此处龙女所为，是神通神变。后世神魔小说中略称为“神通”。

㉛**着**：中古习用动词，义为“安放，安放在”。

㉜**行伴**：旅行同行的伙伴。

㉝**某甲**：中古以下习用的一种“寓名”，可用于泛代他称，有时亦用于自称。此处为第一种用法，指代那位商人。

㉞**生会**：庆贺生还之宴会。

译文

佛居住的舍卫城的南面，有个叫大林的城，住在这个城里的一个商人，赶着八头牛到北方俱哆国去。还有一个属于离车氏族的商人和他一起在水草地带放牛。这时离车氏族的商人逮龙吃，逮着了一个龙女。当时龙女正在受斋戒，不可以存杀生之念，所以才让人穿上鼻子拉着走。

大林邑的商人见了，就起了慈悲之心，向这位离车商人问道：“你拉着这个龙想干什么？”离车商人回答说：“我要杀了吃。”大林邑商人说：“不要杀她。我给你一头牛买下她，你放掉她吧！”捕龙的人不肯，一直增加到八头牛，才说：“现在为了你的缘故，我就放了她。”就取走了八头牛，把龙女放走了。

这时大林商人又想道：这是个恶人，恐怕他又去追赶，又将之捕获。自己就随着龙女跑，看她往哪儿去。到一个水池边，龙变为人身，向这个商人说：“您赐给我性命，现在我想报答您的恩惠。您可以跟我一块儿进龙宫，我要报答您的恩情。”商人回答说：“不行。你们这些龙脾气太暴，喜怒没常性，兴许把我杀了。”龙女回答说：“不会这样。先前那个人使绳拴着我，按我的力量是能杀掉他的，但因为我正在受斋戒，所以一点杀生的念头也没有。何况您把生命赐给了我，还能害您吗？您若是不走的话，就在这儿停留几天。我现在先进龙宫去安排一下。”她就进去了。

商人在这个龙进去的门旁边，看见另外两条龙拴在一块儿。商人见了他俩就问道：“你们为什么被拴起来了？”回答说：“这个龙女在半个月中有三天吃斋受戒，我们弟兄守护这个龙女没看牢，她被离车逮了去。因为这个缘故，我们被拴在这儿了。只希望您发慈悲，替我们说好话，叫她放了我们。这个龙女如果问您要吃什么食物的时候，您得知道，在龙宫里有这样几种食物：有一辈子才能消化掉的，有二十年才能消化掉的，有七年才能消化掉的；另外，有人世间的食物。您如果要的时候，一定要人世间的食物。”

龙女安排料理完毕，立刻就呼唤商人进去，请他坐在宝床褥子上。龙女说道：“您现在想吃什么样的食物？”商人回答说：“我要人世间的食物。”于是就摆上来各种食物。他问龙女：“这两人为什么给拴在那儿？”龙女说：“您就只管吃您的吧，不用问别的。”“不是这样，我一定要了解这事儿。”他问起来没个完。龙女说：“这两个有过错，我要杀了他们。”商人说：“你不要杀他们。”“不行，必须杀他们。”商人说：“你如果放了他们，我才吃东西。”龙女说：“不能就这样放了他们，要罚他们在人世间六个月！”马上就罚他们到人世间六个月。

商人问道：“你如此年轻漂亮，又会许多法术，拥有许多财宝，何必还吃斋受戒呢？”回答说：“按我们龙的生活规律，有五件事情最苦。哪五件呢？就是生产时候的龙、睡眠时候的龙、交合时候的龙、发怒时候的龙、死时候的龙，在这些时候都得现原形。此外，每半天要有三遍皮肉着地，热沙滚满一身。”

商人又问：“你想祈求什么呢？”回答说：“我想祈求在轮回中生为人身。”商人问：“我已经得人身，该祈求什么呢？”龙女回答说：“最难能可贵的是出家。”商人又问：“应当找谁去出家？”龙女回答说：“具有如来、应供、正遍知称号的佛，据我了解，现在正在舍卫城。他对于还没有得到度脱的都给以度脱，你可以到那儿去出家。”商人就说：“我要回老家去。”龙女就给了他八块相连的金饼，说道：“这是龙金，足够你父母家眷终生都享用不完的。”说：“你合上眼睛！”就使出神通把他带回本国。

跟他在一起出行的伙伴，先到他的住处，告诉他家里人，说他进龙宫去了。他的父母以为儿子已经死了，家属本族的人聚在一起，悲伤哭号着。这时放牧的人和割鲜草的人已经看见了他，就先跑回去告诉了他家的人，说他回来了。家人听说以后，都非常高兴，出来把他迎到家中，还为他活着回来举办庆贺宴会。在宴会上，他把金饼献给父母说：“这是龙金，掰下来一块就再生出一块，用一辈子也用不完。”

3　罗睺罗有女帝释强求起兵攻战

原典

罗睺罗有女帝释强求起兵攻战[①]

有阿修罗王[②]，名罗睺[③]，生于一女，殊特端正，女德六十四种无不具足。口吐言气如优钵罗华[④]，身出牛头旃檀之香[⑤]，面色红白，见者爱乐。

时释提桓因[⑥]作是念言：此宫诸女多有端正，比须伦女而皆不及。今我集兵往伐，取之给[⑦]我驱使。即召诸天[⑧]具言此事。诸天启曰："诸天斗战必不如彼，权可遣执乐神等[⑨]，手执九十一弦琉璃之琴，歌我天人受福快乐无量功德。"诸天称："善！""此语可从。"即敕执乐天子般遮翼[⑩]等严驾乐器，到阿须伦王婆呵[⑪]前立，弹琴现意，言曰:“欲得婆呵女与我给使，若不与者，当以兵取。”须伦大嗔:“我亦有力，足相距逆。”般遮翼等即报帝释。

时须伦集兵到须弥山[12]侧坏曲脚天宫，次坏风天宫、马天宫、庄严天宫等诸天宫，乃至四门。帝释忆本所诵而咒之，须伦兵众渐渐却退[13]，引四种军[14]入拘郗罗[15]池藕茎孔中——有一士夫见之，自念:我狂失性[16]，谬睹异事。佛告比丘:“此真实也。”

时释提桓因集诸天众从四门出，但见刀铠弓箭在地，不见须伦。众转前进，直入阿须伦宫殿[17]，见婆呵阿须伦女数千万众，不见阿须伦身。将[18]诸女众归诣忉利天[19]宫。

时诸阿须伦等求哀归命[20]向释提桓因，言:“我等愚惑，不识佛弟子神力巍巍。我等先祖信奉如来，闻佛有戒，不取他物[21]。今天王释将我眷属尽填[22]天宫，非佛弟子之所应行。”帝释闻之，怅然不乐:“我宁当[23]奉禁，不犯偷盗。”即还诸女。

时阿须伦王以最可爱女奉上帝释，帝释即以甘露[24]为报。须伦与天和好，共持如来三归八戒[25]。

注释

①**罗睺罗有女帝释强求起兵攻战：**本则故事篇题取自《经律异相》卷四十六，本文亦以该卷所载为基础，

取《菩萨从兜术天降神母胎说广普经》卷七所载为基础补正（按：即大正十二・页一〇五一中——〇五二上）。篇题中专名词解释分见以下各注。

②**阿修罗王**：梵文Asura的音译，另译“阿须伦”等，略称“修罗”“须伦”。意译“不端正”“非天”等，是南亚次大陆古代神话中一族恶神。传说他们常与帝释天神战斗，战场上情况奇惨无比，故后世亦称战场、大屠杀场地为“修罗场”。佛教兴起后，将其编入“天龙八部”诸神系列，并在六道轮回中以“阿修罗道”为其中一道。阿修罗共四种（族），故有四王。他们各有多种异名，罗睺罗、婆呵（婆私呵）均其异名。

③**罗睺**：梵文Rāhu的音译，又译“罗护”。意译“暗障”。星名，据说此星之神与星同名，力能障日、月之光明，使之生蚀。他是四种（族）阿修罗王之一。与帝释天战斗时，能以手障、执作为帝释天前锋之日、月，故获此名。

④**优钵罗华**：优钵罗，梵文Utpala的音译，意译“青莲”。

⑤**牛头旃檀之香**：旃檀是一种香树，据佛经说，它出于牛头山（一个神山），故称牛头旃檀。此树生有“上妙之香”。

⑥**释提桓因**：梵文Śakro Devānām Indrah之音译略

称，全称“释迦提桓因陀罗”。佛教对诸天中的帝释天（因陀罗）的全称。帝释天（因陀罗）原为南亚次大陆古代神话中最高天神，据说他统治一切，被尊为“世界大王”。有关他的颂诗见于《梨俱吠陀》者，几近全书四分之一。佛教以之为忉利天（三十三天）之主，居须弥山巅。

⑦**给**：服侍，供差遣，这种服侍且带有“长期、不断”的意味。这与“给”字的本义“搓绳等不断往上续”有关。此句“给我驱使”正是下文“给使”的注脚。按：“给使”在中古汉语中有特殊含义，即做王公贵族大人物的贴身随从、内侍、侍女。

⑧**诸天**：佛教中诸位尊天的简称。《金光明经疏》：“外国呼神亦名为天。”（大正三十九·页一六八上）这是一种意译法。汉化佛教中“诸天”共二十位（也有加到二十四位或二十八位的），大多出身于南亚次大陆古老神话传说中，佛教传布后纳入佛教之门下。

⑨**执乐神等**：佛教中诸天部属下的执乐器与歌舞小天神，分属乾闼婆（梵文 Gandharva）和紧那罗（Kiṃnara）两族，男女老少都有，人数不少，各有专业。这两族都属“天龙八部”系统。

⑩**般遮翼**：梵文 Pañcaśikha 的音译，亦译作“般遮尸诃”等。意译“五髻”“五髻乐子”等。是乾闼婆族之王，

头结五髻，手持琉璃琴或琵琶，常做帝释天的前驱。

⑪**阿须伦王婆呵：**阿须伦即阿修罗的另一音译。婆呵，或作婆私呵，阿须伦四个王之一的名字。

⑫**须弥山：**梵文 Sumeru 的音译，亦译“修迷卢”“须弥楼”“苏迷卢”等，意译“妙高”“妙光”“安明”“善高”“善积”等。南亚次大陆神话中的山名，亦为佛教所采用。相传山高八万四千由旬，山顶上为帝释天，四面山腰为四大天王，周围有七香海、七金山。第七金山外有铁围山所围绕的咸海，咸海四周有四大部洲。

⑬**却退：**却，义为“面向对方倒退”，却退为中古军事术语，与今语“退却”义近。盖古代军队敌前退却而非溃退时，前锋变后卫，常取面对敌方挺刃、持满（弯弓搭箭）姿态倒退后撤，即是“却退”。

⑭**四种军：**指象军、马军、车军、步军，南亚次大陆军队常由这四个兵种组成。

⑮**拘郗罗：**梵文 Kumuda 的音译，意译“地喜花”。南亚次大陆的一种睡莲。

⑯**失性：**精神错乱，失去本性。南北朝习语，如刘义庆《幽明录》(《太平御览》卷九三二引)：“人有嫁女，未及升车，忽便失性。”《北史·董绍传》：“不自拘持，颇类失性。”

⑰**阿须伦宫殿：**据《长阿含经》卷二十，此宫殿

在须弥山北大海水底。又据《大唐西域记》卷九，毗布罗山温泉之西有石室，阿须伦的宫殿在其后壁洞穴中。毗布罗山在古印度摩揭陀国国都王舍城（Rājagṛha）之侧，指哪个山头尚有争议。地在今印度比哈尔邦底赖雅（Tilayā）附近。

⑱**将**：作为动词，“将”字在中古常用的一种意义是“用手或臂执持、搀架、带着处于被动地位的人”。用在这里，很形象地表现出，把这些女郎连搀带架地挎走了。

⑲**忉利天**：梵文 Trāyastriṃśa 的音译，意译“三十三天”。佛教术语，六欲天之一。谓在须弥山顶中央为帝释天，四方各有八天，共三十三天。山顶有宫名“善见”，是天帝释所居。

⑳**归命**：原为中古政治术语，叛逆者归顺最高领导（天子）为归命。佛教亦译“南无（巴利语 Namo）”，意为“敬礼”“归命”。此处似兼有此二义。后世道教等亦沿用“归命”，如：“至尊归命礼，玉皇大天尊。”

㉑**他物**：他，反身代词而非第三人称代词，意为“别人的”；物，在魏晋南北朝所指广泛，可用以称代人、物，甚至舆论。“他物”意为“别人的什么（东西）”，是中古习用语。

㉒**填**：将美女填补、安置于后宫，是中古汉语中“填”字的一种特殊习用法。其本字应为“置”。《汉书·贡

禹传》:“武帝时，又多取好女至数千人，以填后宫。”颜师古注:“此填字读与置同。”唐代犯官家属没入宫廷称“填宫”，犹沿此义。近代称续娶妻为“填房”，亦沿此义。

㉓**宁当：**中古习用语，向自身诘问的一种凝固形式。后代的文言文中不常用。

㉔**甘露：**中国古代称甘美的露水为甘露，认为太平之瑞，服食可以成仙。佛经译者因将梵文Amṛta意译为“甘露”，又译作“不死药”“天酒”“美露”。音译“阿密哩多”。认为是天人所食，饮之，命长身安、力大体光。又，据多种佛教经论，梵文 Suta 亦意译作“甘露”，音译是“苏陀”“须陀”。它是从天上的“食树”中滋生出来的美食，分青、黄、赤、白四色。据有些经典说，阿须伦向帝释天索求的就是这四种“天甘露食”。

㉕**三归八戒：**三归，三皈依的略称。皈依佛，皈依法，皈依僧。以佛为师，以法为药，以僧为友。对此三者归顺依附，是为三皈依，是最基本的入佛教信条。八戒是“八关斋戒”的略称，非比丘、比丘尼的在家信士、信女于入佛寺过短期寺院生活时遵守之。诸天与阿修罗都非佛教出家二众，所以只能受此种在家二众戒。

译文

有一位阿修罗王，名叫罗睺，生了一个女儿非常地漂亮，当时对于年轻美女要求具备的六十四种优点，她完全具备。一张口说话，嘴里吐出的气息就像莲花那么香，全身的毛孔都发出像是牛头旃檀的香味，面色白里透红，红里透白，见到她的人都很喜欢她。

这时帝释天心中想道：我这个天宫里有许多女子，其中漂亮的不少，可是都比不上阿须伦的女儿。现在我集合起军队去讨伐阿须伦，把这个女孩抢来供我使唤。就召集来诸位天神，把这种想法详细说了说。天神们禀告说："我们打仗肯定打不过他们，权宜之计是派遣执乐神这些人，手拿九十一弦琉璃琴，歌唱我们天人受福快乐无量功德的歌曲。"天神们都说："这办法好！""可以按这个办法办。"帝释天就派遣执乐天的头儿般遮翼等，穿得漂漂亮亮，驾着马车，带着乐器前去，走到阿须伦王婆呵面前站住了，一边弹琴一边把自己的意图表现出来，说道："我们要得到婆呵的女儿给我们使唤，如果不给，我们就发兵来抢。"阿须伦大怒说："我也有力量，足以跟你们较量。"般遮翼等就去报告帝释天。

这时阿须伦集合军队，开到了帝释天居住的须弥山旁边，毁坏了曲脚天宫，接着又毁坏了风天宫、马天宫和庄严天宫等各个天宫，连天宫四面的宫门都给毁了。

帝释天赶紧动脑筋想自己原来念的咒语，把它念出来，咒语发生威力，阿须伦的军队就逐渐地向后退却。阿须伦一见情况不妙，就带领着包括四个兵种的全军，钻进了拘郗罗池里莲藕的茎孔中。有一个当官的读书人见了，心想：我一定是疯了，神经错乱看岔了眼，才见到这种怪事。这种传闻越传越玄，传到了佛那里。佛对比丘们说："这确实是真的。"

这时帝释天集合各天神的部队，从东西南北四个宫门出来迎敌，只看见阿须伦部队的刀枪、铠甲、弓箭扔了一地，却不见阿须伦他们。帝释天的部队转变方向前进，一直进入阿须伦的宫殿，见婆呵阿须伦的女儿有好几千万人，就是没看见阿须伦自己。帝释天就架着这些女人回到自己的忉利天宫。

这时，阿须伦们苦苦哀求向帝释天归顺，说："我们愚蠢糊涂，不知道您这位佛弟子的神威如山。我们先祖信奉如来，听说佛有戒律，不强夺别人的东西。现在您把我们的眷属都弄来充实你们的后宫，这不是佛弟子应该做的事。"帝释天听了这些话，扪心自问："我应该遵守戒规，不犯偷盗！"遂把抢来的女人们还给了阿须伦王。

这时，阿须伦王把他最可爱的女儿献给了帝释天，帝释天就拿甘露作为礼物回报送给阿须伦。阿须伦与帝释天和好了，共同遵守佛规定的三归八戒。

4 风

原典

风[1]

世界坏时，有大风起，名曰“坏散”，悉能吹坏摩灭大千世界[2]，金刚铁围山[3]等一切万物。时大千世界外复有风起，名“障坏散”，能隔风灾得至余方。若无此障风，十方无量阿僧祇世界[4]无不散灭[5]。

注释

①**风**：本篇选自《经律异相》卷一《天部上》，为该卷第十则，篇题据《经律异相》，原文出《华严经》第

三十卷。

②**摩灭大千世界：**摩灭，又写作“磨灭”。原为中古习用语，意为“(刻下的文字、身后留下的名声等）消灭、消失”。如《西岳华山庙碑》:“文字摩灭。”《汉书·司马迁传》:“古者富贵而名摩灭，不可胜记。”佛经翻译中借用来表示“世间一切有为法悉皆无常，终至消灭”。如《大宝积经》卷九十六：“须弥河海尽燋枯，毕竟磨灭归虚空。”用法、含义与本则相同。大千世界，佛教名词，“三千大千世界”之略称，见下注③。

③**金刚铁围山：**梵文 Cakravāḍa-parvata 之意译。又简译作金刚围山、金刚山、铁围山、轮围山等。按佛教的世界观，一个世界以须弥山为中心，由八山八海环绕，最外侧为铁山如轮状环绕，即名金刚铁围山。须弥山腹有同一日月所照的四天下，共为一“小世界”；一千小世界为一个“小千世界”；一千小千世界为一“中千世界”；一千中千世界为一“大千世界”。大千世界中包孕有小、中、大三种“千世界”，合称“三千大千世界”。此三千世界又各有大、中、小的金刚铁围山环绕。此处用以指直至世界极边的全部地区一切万物。

④**十方无量阿僧祇世界：**十方，梵文 Daśadiśaḥ 的意译。四方、四维、上下之总称，即东、西、南、北、东南、西南、东北、西北、上、下。佛教认为十方有无

量数的世界与净土。无量，佛教名词，指不可计量之事物，如空间、时间、佛德均可视为无量。阿僧祇，梵文Asaṃkhya之音译，义为“无量数”。此处与前“无量”一词重复称说，极言其多。按：此处之“世界”，特指十方佛国净土世界。

⑤**散灭**：中古习用语，义为“散失净尽”。如《陈书·儒林传》：“秦烧经典，威仪散灭。”

译文

世界毁灭的时候，有大风刮起来，这种风叫作“坏散”，据说能吹坏消灭大千世界，包括金刚铁围山在内的一切万物。这时大千世界之外又有另一种风起来，名叫“障坏散”，能把“坏散”引起的风灾挡住，不让它扩散到别的地方去。如果没有这种挡风的风，十方无量阿僧祇世界就全部消散毁灭了。

5 天人手出甘水济五百贾人

原典

天人手出甘水济五百贾人[①]

昔有导师[②]，与五百贾人共行作贾，到大旷野，饥渴困极[③]，归命世尊及释梵四王，怖惧无计。

于时导师登高远望，见有林木，飞鸟往趣，冀当有水。俱共奔走，不久得至。唯见树木，周而生草，其地清洁。导师顾谓贾人等："咸共穿地取水，必当可得。"

适共议已，时有天人[④]，遥从天上瞻此导师及五百人困乏水浆，如伸臂顷，来到其所，住于树上。伸其右手，从五指间流出八味甘美之水[⑤]，供于[⑥]导师及五百人[⑦]，各各取用而无穷尽，皆得饱满。所以者何？宿命亲觐，俱种因福，故使天人念之来下[8]，以给美水，各得安隐[9]。

注释

①**天人手出甘水济五百贾人**：本篇选自《经律异相》卷二《欲色天人天部下》，为该卷第七则，篇题据《经律异相》，原文出《譬喻经》第三卷。

②**导师**：佛教用语。有三义，此处指“引路人、带路人”。《百喻经·杀商主祀天喻》：“入大海之法，要须导师，然后可去。”（大正四·页五四五上）此外，教化、引导众生入佛道之圣者亦称为导师，特指释尊。某些佛、菩萨也可膺此称。再有，法会中的主导人物唱导师，简称导师。

③**困极**：中古习用语，并列结构词语，不可误认为动补结构。困，疲累，想不出办法；极，疲病甚重。

④**天人**：早期道家用于指洞悉本源的人，如《庄子·天下》：“不离于宗，谓之天人。”中古则习用于指中国的仙人、神人。如晋葛洪《神仙传·张道陵》：“忽有天人下，千乘万骑，金车羽盖。”佛教译语中借用以指住于欲界、色界之诸天、天龙八部等。

⑤**八味甘美之水**：八功德水。佛净土有八功德池，其中充满此水。八味，即澄净、清冷、甘美、轻软、润

泽、安和、除饥渴、长养诸根。包围须弥山之七内海亦有此水充满其中，具有甘、冷、软、轻、清净、无臭、饮不伤喉、饮不伤腹的八种特质。此处指后者。

⑥**供于：**此种动补句式，为南北朝译经时常用的一种特殊句式。

⑦**五百人：**是以定数代不定数的一种模糊数字，佛经中常用“五百”以指多数。

⑧**来下：**中古用语。自高处如天上等处降下来。

⑨**安隐：**在上古汉语中，多指一种安定、平静的状态；中古习用语中常用于特指“平安”。如晋王凝之《与庾氏女书》：“得郗中书书，说汝勉难安隐，深慰悬心。”《太平广记》卷一一〇引南朝齐王琰《冥祥记》：“中夜，见一道人，法服持锡，示以途径，遂得还路，安隐至家。”佛教用语中更特指不为任何烦恼所惑之身安心稳境地，亦写作安稳。

译文

从前有一位引路人，带着五百个商人一起出门去做买卖，走到一个大旷野，又饥又渴，非常疲劳，都要累垮了。这时，大家就向世尊和帝释天、梵天、四大天王等祈祷。大家非常恐惧，想不出什么办法。

在这时候，引路人登高远望，看见有树林，有飞鸟往那里飞，想必那儿应该是有水的。大家就一块儿跑去，不久就到了，只看见有树，周围生长着草。这块地方很洁净。引路人回头对商人们说："现在咱们大家挖地找水，一定能找到。"

大家才商量完，这时候有天上的神人，远远地从天上看到了这位引路人和五百人没水喝渴得厉害，就像一伸胳膊的工夫，来到了他们所站的地方，停在树上。天上神人伸出右手，从五个指头缝里流出来八味甜美的水，供应给引路人和五百人，他们喝了个饱足，水是无休止地淌流着。为什么这样呢？这是他们前生种下的福因，所以才能感动天上神人挂念他们，从天上下来，供给他们好喝的水，使他们都能平安无事。

6 明月摩尼珠

原典

明月摩尼珠[①]

明月摩尼珠[②]，多在龙脑中。

若众生有福德者，自然得之，犹如地狱自生治罪之器。此宝亦名如意珠，常出一切宝物、衣服、饮食，随意所欲。得此珠者，毒不能害，火不能烧。

或云："是帝释所执金刚，与阿修罗斗时，碎落阎浮提。"又言："诸过去久远佛舍利[③]，法既灭尽[④]，变成此珠，以为利益[⑤]。"

注释

①**明月摩尼珠：**本篇选自《经律异相》卷三《地部·阎浮提一·宝珠六》之第一则，篇题据《经律异相》，原文出《大智度论》第五十九卷(大正二十五·页四七八上)。

②**明月摩尼珠：**梵语 Maṇi，音译作“摩尼”，意译作“珠”“宝珠”。其中可除人热恼、予人清凉之一种称为明月摩尼珠，又称作“月精摩尼”“月光摩尼”等。

③**诸过去久远佛舍利：**指“过去世”中出现的诸佛的舍利。诸佛名号载于《过去庄严劫千佛名经》。

④**法既灭尽：**指有为的事物作用终灭，即法之作用已灭。意思大略是：过去（梵语 Atikrānta 之意译，佛教名词）的诸佛形体，作用（如说法度世）均已消逝。

⑤**利益：**梵语 Upakāra 的意译，又译作“饶益”，简称“利”或“益”。指随顺佛法而获得的恩惠、幸福。分自利、利他二种。自利常称为“功德”，利他则特称“利益”。又分为现益（现世利益）与当益（后世利益）两种。本则文中指的是当益。

译文

明月摩尼珠，往往产生在龙的脑中。

如果人们中有福德的人，自然就能得到它，就像地狱里自然化现惩罚有罪的人的刑具一样。这个宝贝又叫如意珠，能从其中变出来各种宝物、衣服、食物，随你所需而能满足。得到这种宝珠的人，带着它，毒害不了他，火烧不到他。

又有的说："这个珠子是帝释天所拿的金刚，在他跟阿修罗打仗的时候，掉下来一些碎渣，掉到了人世间就变成这种如意珠了。"又有人说："在许多许多世代以前，佛入涅槃留下的舍利，到了后代佛法已经灭尽的时候，变成了这个珠子，给随顺佛法的人谋求幸福。"

7 得道师宗

原典

得道师宗[①]

如来[②]在昔久远劫时，行菩萨道，为大国王。父母崩殂，让国与弟，独行求道。

见一婆罗门[③]，姓瞿昙氏，从之受学，因同其姓。入于深山，禅思念道。乞食还国，国人不识，呼“小瞿昙”。自于城外甘蔗园中起立精舍，有五百大贼劫盗官财，经园边过。

明日步踪[④]，遂录[⑤]菩萨，以木贯身，立大树下，血流于地。

大瞿昙氏飞来问曰：“有何罪？酷乃至尔！”呼官人

放弩，射而杀之。大瞿昙泣下沾棺，取血湿土以为泥团，持还精舍，置左右二器中，曰：“是道士[⑥]若至诚者，天神当使血化为人。”

却后十月，左即成男，右即成女，姓瞿昙氏。

注释

①**得道师宗**：本篇选自《经律异相》卷四《应始终佛部第一》，为该卷第一则，篇题据《经律异相》，原文出《十二游经》（大正四·页一四六上、中）。

②**如来**：梵语 Tathāgata 的意译，意为“由真理而来成正觉”。释迦牟尼佛十种称号之一，亦为诸佛之共同称号。本则文中指前者。

③**婆罗门**：梵语 Brāhmaṇa 之音译，意译“梵志”“梵行”等。古代南亚次大陆“四种姓”中最上位的僧侣、学者阶层。婆罗门之行法，为佛教传习沿用者不少。释迦牟尼在“本生”中常以婆罗门身应世。

④**步踪**：追踪足迹。

⑤**录**：中古习用法律名词，意为“逮捕”。如《世说新语·政事》：“吏录一犯夜人来。”《南史·齐郁林王何妃传》：“为秣陵县所录。”

⑥**道士**：南北朝佛经翻译的早期阶段，对佛、道两

家之修行者均称“道人”“道士”。但已常用“道人”指佛教僧人,“道士”指道教修行者。北魏太武帝灭佛以后，首先在北方，逐渐地在南方，“道人”“道士”成为道教修行者的专称。

译文

在过去久远的年代，如来还是一位修行的菩萨，那时他是一个大国国王。他的父母都去世了，他把王位让给弟弟，自己一个人出门去寻求真理。

他见到一位婆罗门，姓瞿昙氏，就跟随他学习，也就随着他姓瞿昙了。他进到深山里，修行研究真理。为了托钵化缘乞食，他回到本国，本国人不认识他，叫他“小瞿昙”。他独自在城外甘蔗园中建造修行的精舍，有五百大强盗抢劫官家的财物，从他园子附近经过。

翌日，官府追踪足迹，就把他当作强盗逮捕了，把他捆在木桩上，鲜血滴到地上。

大瞿昙闻讯飞跑来问道：“你犯了什么罪，竟受到这种酷刑？”官府的人不分青白就放箭，把他射死。大瞿昙眼泪流到棺木上，他把被血染湿的土做成泥团，拿回精舍去，盛在左右两个器皿中，说道：“若是至诚地修行的僧人，天上的神就把血变化成为人。”

十个月后，装在左边器皿中的泥团就变成了男人，右边的变成了女人，他们都姓了瞿昙氏。

8　化作沙门度五比丘

原典

化作沙门度五比丘[①]

昔波罗奈国[②]有山，去城四十五里。有五沙门处山学道，晨旦出山，人间乞食；食讫还山，晚暮乃到。往还疲极[③]，不堪坐禅思维正定[④]。历年如是，不能得道。

佛愍念之："劳而无获。"化作一道人，往到其所。问诸道人："隐居修道，得无劳倦？"诸沙门言："吾等在此，去城太远。四大之身[⑤]，当须饮食。日日往还，疲劳历岁，不得修道。为当正尔毕命[⑥]而已。"

道人语曰："夫为道者，以戒为本，摄心为行。贱形贵真，朽弃躯命。食以支形，守意正定。内学止观[⑦]，灭意得道。养身纵情，安得免苦？愿诸道人明日莫行，吾当供养。诸道人休息一日。”

时五沙门意大欢喜，怪未曾有。安心定意，不复忧行。明日中，此道人送食。食讫安和，心意恬惔。

理化道人为说偈已，显现佛身相光之容。是五沙门精神震叠⑧，咸思维戒。即得阿罗汉道。

注释

①**化作沙门度五比丘**：本篇选自《经律异相》卷五《应身益物佛部第二》，为该卷第九则。篇题据《经律异相》，原文出《法句譬喻经》第三卷。

②**波罗奈国**：梵语 Vārāṇasī 之音译。中印度古城邦王国。城西北鹿野苑，为释迦初转法轮，教化五比丘之佛教圣地。

③**疲极**：非常疲劳。

④**正定**：佛教名词，指“断惑定于正性”。

⑤**四大之身**：四大，佛教名词，指世界万物均由“地、水、火、风”这“四大”构成。人的身体也如此，故名“四大之身”。

⑥**毕命**：一直到死。

⑦**止观**：“止”，梵语 Śamatha（奢摩他），亦译为“止

寂”或“禅定”等；“观”，梵语 Vipaśyanā（毗婆舍那），意为智慧。佛教用语。“禅定”和“智慧”的并称，佛教修习的重要方法。

⑧**震叠**：惊惧。《诗·周颂·时迈》：“薄言震之，莫不震叠。”

译文

从前波罗奈国有一座山，离城四十五里。有五位修行者在山里学道，清早从山里出去，到城里乞食；吃完回山里，已经黄昏了。这样来回，非常疲劳，也没有时间、气力坐禅思维真理了。一年到头庸碌奔波，哪能得道！

佛怜悯他们，就变化成一个修行者，来到他们的住处，问这些修行者：“隐居修道，是不是很疲劳困倦呢？”这几位修行者回答说：“我们在这儿，离城太远。人的身体都是由地、水、火、风合成的，必须吃饭喝水。每天来回乞食，一年到头疲累不堪，没法安心修道。像这样也就庸碌地老死。”

佛变化的修行者说：“修道的人要以持戒为根本，收摄凡心，进行修行。要把形体看得很轻，追求真理，不惜牺牲生命。饮食是用来维持生命的，有了生命就应该修行。要进行反省，学习止观，消灭一切不正当的念头，才能得道。为了养身而放逸自己，怎么能渡脱苦海呢？我希望各位修行者明天不要出门，我来供养你们。各位修行者就休息一天吧。”

这个时候这五位修行者心中非常高兴，惊讶地说：“这是从来没有的事儿。”于是大家安下心来，不再为出门忧虑。到了第二天接近中午时，佛变成的修行者把食物送来了。大家吃了，心情很平和。

这时，佛陀化身的修行者就讲说佛理给他们听，说完了现出佛的原身，身上有光。这五位修行者精神受到极大震动，深入地思考佛的戒律。他们都证得了阿罗汉。

9 天人龙分舍利

原典

天人龙分舍利[①]

佛涅槃后，时波波国[②]诸末罗[③]众，遮罗颇国[④]诸跋离[⑤]众，罗摩伽国[⑥]拘利[⑦]众，毗留提国[⑧]婆罗门众，迦卫国[⑨]释住[⑩]众，毗舍离国[⑪]诸离车众，摩竭提国[⑫]阿阇世王[⑬]，各严四兵。

王遣香姓婆罗门[⑭]白拘尸力士[⑮]言："佛是我师，我之所尊，于君国内而取灭度[⑯]。故从远来，请舍利分[⑰]，还国起塔。若分与我者，举国宝重，与君共之。"

力士答曰："世尊屈降此土，于兹灭度。国内士民，自当供养。远劳诸君，不可得也。"

诸王共议："逊言和求，既不见与，不惜身命，当以力取。"力士王曰："若欲举兵，力足相抵，终不可得。"

香姓婆罗门于八众[18]中高声唱言："佛积善修忍于无量劫，诸君亦应闻。又赞'忍辱'，何可兴师，共相凌夺！此非敬事。今舍利现在，但当分作八分，使处处人民皆得供养。诸君亦皆受佛戒，口诵法言。可争舍利，遂相残害！"力士报言："敬如君议。"时烟婆罗门即分为八分。

时释提桓因即现为人，语诸王言："我等诸天亦当有分。若共争力，则有胜负。幸可见与，勿足相难。"时阿耨达龙王[19]、文邻龙王[20]、伊那钵龙王[21]语八王言："我等亦应有舍利分，若不见与，力足相伏。"时优波吉告言："诸君且止，宜共分之。"即分为三分：一分与诸天，一分与诸龙王，一分属八王。以蜜涂瓮里，以瓮量之。诸天得分，还于天上，起七宝塔。龙王得分，还于龙宫，亦起宝塔。阿阇世王共数其分，各得八万四千舍利。余有佛口一髭，无敢取者。以阿阇世王初求舍利投地气乏，最为笃至，共持与之。

阿阇世欢喜，鼓乐动天。难头和龙王[22]中道相逢，曰："佛留舍利，持一分与我！"王曰："不可得也！"龙曰："我是难头和，能举卿国土掷八万里外，磨碎如尘！"王即怖惧，以佛髭与之。龙于须弥山下起水，高八万四千里，耸水精琉璃塔。

阿阇世王崩，阿育得其国土。时大臣白阿育王[23]曰："难头和龙先易阿阇世，夺将佛髭去。"阿育闻之，即敕鬼神王作铁网铁藉[24]，置须弥山下水中，欲缚取龙王。龙王大怖，共设计，言："阿育事佛。伺其熟卧，取其宫殿移着须弥山水中水精塔下，自出相见，具说本末，其嗔必息。"便遣龙捧取阿育宫殿。眠觉，不知何处。见水精塔高八万四千里，喜怖交怀。难头和龙自出辞谢，云："阿阇世王自持与我，我不夺也。释迦如来昔与我约云：'吾涅槃后，劫将尽时，所有经律及袈裟应器[25]，皆取藏此塔中。弥勒来下[26]，当复出之。'"龙送王宫置于本处。

烟婆罗门曰："请舍利瓶，我还头那罗聚落[27]，起于瓶塔。"力士与之，以瓶及着瓶舍利共起宝塔。波罗延那婆罗门居士[28]复言："烧佛处炭与我，我还本国，起为炭塔。"亦有于阇维[29]处起立宝塔——灰炭及土四十九斛——所起宝塔四十九所。

注释

①**天人龙分舍利：**本篇选自《经律异相》卷六《现涅槃后事佛部第三》之第一则，篇题据《经律异相》，原文出《双卷泥洹十诵律序》《菩萨处胎经》及《阿育王经》。

②**波波国：**梵语 Pāvā 的音译。末罗族建立的一个城邦。

③**末罗：**梵语 Malla 的音译，意译“力士”“壮士”。种族名，又是国名。

④**遮罗颇国：**巴利文 Allakappa 之音译。国名。

⑤**跋离：**巴利文 Buli 之音译。部族名。

⑥**罗摩伽国：**梵语 Rāmagāma 之音译。国名。

⑦**拘利：**巴利文 Koḷiya 的音译。拘利族为释迦牟尼母摩耶夫人、妃耶输陀罗所出之氏族。

⑧**毗留提国：**巴利文 Veṭhadīpa 的音译。国名。

⑨**迦卫国：**“迦毗罗卫国”的简写。巴利文 Kapila 之音译。

⑩**释住：**“释迦”族。巴利文 Sakya 之音译。

⑪**毗舍离国：**梵语 Vaiśālī 的音译，跋耆（Vajji）国的首府，也算一个城邦。

⑫**摩竭提国：**梵语 Magadha 的音译，意译“善胜”等，为印度古代十六大国之一。其领域大体相当于今印度比哈尔邦的巴特那（Patna）和加雅（Gayā）。

⑬**阿阇世王：**阿阇世，梵语 Ajātaśatru 的音译。摩揭陀国著名的国王。佛经中有关他的故事颇多。他原是信奉耆那教，反佛教的，后来皈依佛法。

⑭**香姓婆罗门：**梵语 Droṇa，音译“突路奈”，又译

作“烟婆罗门”“头那罗婆罗门”，是一位皈依佛教的婆罗门。

⑮**拘尸力士：**拘尸是梵语 Kuśinagara 的音译。末罗族人建立的一个城邦。力士即末罗。

⑯**灭度：**梵语 Nirvāṇa 之意译，音译有“涅槃”等。此处特指释迦牟尼佛的入灭。

⑰**请舍利分：**请，“奉请”之“请”，现代还有“请一张佛像”之口语。分，在此是名词，现代写作“份”。请舍利分，意思是为自己奉请一份舍利。

⑱**八众：**佛教名词。谓人天之八种有情，即：刹利众、婆罗门众、居士众、沙门众、四天王众、忉利天众、魔众、梵天众等。

⑲**阿耨达龙王：**梵语 Anavatapta 的音译，意译“无热恼”。此龙王为八大龙王之一，住在雪山顶上的阿耨达池中。

⑳**文邻龙王：**梵语 Mucilinda 的简略音译，又译作“目支邻陀”等。据《佛本行集经》卷三十一，释迦牟尼成道后，目支邻陀龙王邀请至龙宫坐禅。七日中风雨大作，骤寒冷，龙王以巨大身躯缠绕七重保护佛身，以七头做大盖于世尊之上。

㉑**伊那钵龙王：**梵语 Elāpatra 的音译，又译作“医罗钵呾罗”等。在佛教经典中有不少关于此龙王的传说。

如据《福盖正行所集经》第十一所说，过去迦叶波佛时，有一比丘犯摘毁医罗树及午后乞食二过，受罚永为龙身，有七头，其头之上生医罗树，常流脓血，不堪虫类吮食的痛苦。时佛在嚩啰拏城，教化此龙，说弥勒出世时当可免龙身。此龙王之首在嚩啰拏城，龙尾在呾叉始罗国。

㉒**难头和龙王：**梵语 Nanda 的音译，意译“欢喜”。八大龙王中的“上首”，即其中领头的龙王。

㉓**阿育王：**梵语 Aśoka 的音译，意译“无忧”。中印度摩揭陀国孔雀王朝第三代的王。公元前三世纪左右统一印度，是佛教的有力保护者。佛经中有关他的记载颇多。

㉔**铁网铁藉：**以铁做网，罩在上方；以铁做垫子，铺在下面。藉，中古习用语，当时人席地而坐，坐垫称“藉”。

㉕**应器：**梵语 Pātra，音译为“钵多罗”，音兼意译为“钵盂”。僧人食器。因其为应受人天供养之食器，又为应腹量而食之食器，故又意译为“应器”“应量器”。衣（袈裟）、钵代表僧人一切所有。

㉖**弥勒来下：**指未来世时，弥勒由兜率天下生，度尽世人之事。详见《弥勒下生经》《弥勒大成佛经》等经中。

㉗**头那罗聚落：**香姓婆罗门所居之村镇。聚落，中古习用语，义为“村落”。

㉘**波罗延那婆罗门居士：**此处指一个名为“毕钵罗”的部落的“外道婆罗门”。

㉙**阇维：**巴利文 Jhāpita 的音译，又译作“荼毗”等。意译为“烧身”“送往生”“火葬”。佛教特指七众火葬。

译文

佛涅槃以后，当时波波国的那些末罗族的人，遮罗颇国那些跋离族的人，罗摩伽国的拘利族的人，毗留提国的婆罗门们，迦卫国的释迦族的人，毗舍离国的那些离车族的人，摩竭提国阿阇世王，都让自己的四种部队做好战斗准备。

阿阇世王派遣香姓婆罗门向拘尸族力士们说：“佛是我的老师，是我最尊崇的。佛在你们国内涅槃了，所以我从远方来，奉请一份舍利，回我们本国去造塔供奉。若是分给我们，全国人民一定把它看得非常重，跟你们一样地恭敬。”

力士回答说：“世尊慈悲到我们国家，在这儿涅槃。我们全国的人从上到下，理当供养佛舍利。劳动诸位大驾远道而来，可是舍利不能给你们。”

这些国的国王一块商议说：“我们说好话，用和平的办法提出请求，他们已经表示不给了，干脆跟他们拼命，用武力去夺取。”力士们的国王说：“若是想起兵，我们和你们力量差不多，最后你们还是得不到。”

香姓婆罗门站在也来参加葬礼的天神八众之中，高声说道：“佛在无量劫之中积善修忍，诸位也应该听说过。佛又最赞叹‘忍辱’，怎么可以动兵去争夺！这不是尊敬佛的做法。如今舍利就在这里，干脆分作八份，让各地方人民都能够供养。诸位也都受过佛的戒律，口里念诵佛法，哪里能为争舍利就互相残杀呢！”力士回答说：“那么，按您的意见办。”这时烟婆罗门（即香姓婆罗门）就把舍利分成八份。

这个时候帝释天就变化成人的样子，对各国国王说：“我们各位天神也应当有一份。若是一块儿都用武力来争，就会有胜败。最好你们分一份给我们，不要推脱。”这时阿耨达龙王、文邻龙王、伊那钵龙王对八国的国王说：“舍利也应当有我们的份，若是不给，我们的力量足以能制伏你们。”这时优波吉告诉大家说：“诸位且停，咱们应当一起分享它。”于是就分为三份：一份分给诸位天神，一份分给各位龙王，一份给了八国的王。分的时候，用蜜涂抹在瓮里面，用瓮量它。诸位天神得到那份舍利，回到天上去，给舍利建起了七宝塔。龙王得到他的那份舍利，回到龙宫，也给舍利起了一座宝塔。阿阇世王和别的王一起数着他们得到的那份，各得到八万四千舍利。多出了佛嘴上的一根胡须，没有谁敢要。由于阿阇世王最早要求舍利的时候，非常悲痛，五体投地，都晕过去了，最为志诚，大家就把这一根胡须给了他。

阿阇世欢喜踊跃，于回国途中打鼓奏乐，声音惊天动地。难头和龙王跟阿阇世王半路上相遇，说道："佛留下的舍利，给我一份！"阿阇世王说："这办不到！"龙说："我是难头和，我能把你的国土举起来扔到八万里外去，磨得像尘土一样碎！"阿阇世王很害怕，就把佛的胡须给了他。龙就在须弥山下发起水来，高八万四千里，耸起一座水晶琉璃塔。

阿阇世王死了，阿育王得到国土。这时大臣向阿育王说："难头和龙王原来很看不起阿阇世王，把佛的胡须抢去了。"阿育王听了这话，就下令鬼神王做铁网铁藉，放到须弥山下水中，想捆捉龙王。龙王很害怕，召集部下一起研究对策，部下说："阿育王是尊奉佛的。等他睡熟时，把他的宫殿移到须弥山水中水晶塔底下，然后您自己出来跟他见面，把事情的前前后后完全告诉他，他的怒气必然消除。"难头和龙王就派遣龙挪走了阿育王宫殿。阿育王睡醒，不知道是在什么地方，看见水晶塔有八万四千里那么高，又高兴又害怕的情绪交织在心中。难头和龙王自己出来向他道歉，说：“阿阇世王自己拿舍利给我的，我没有抢。释迦佛过去曾跟我约定说：‘我涅槃后，劫将尽时，所有的经律、袈裟和钵盂，都要拿来收藏到这个塔里。未来时弥勒降临到世上，就会把这些东西再取出来。’”龙把王宫送回去，放到原来的地方。

话说从头，在当初分舍利的时候，烟婆罗门曾经说：“我要奉请舍利瓶，回到头那罗村落里，起座瓶塔。”力士就把舍利瓶（即量舍利的那个瓮）给了他，烟婆罗门把瓶子及粘在瓶子里的舍利一块儿给它们起了一座宝塔。波罗延那婆罗门居士又说：“把佛火化地方的炭灰给我，我回本国，给炭灰起座塔。”也有人在火化的地方起宝塔，这些灰炭和土一共有四十九斛，又起了四十九座宝塔。

10 罗睺罗处胎六年

原典

罗睺罗处胎六年[①]

悉达太子有二夫人，一名劬毗耶[②]，二名耶输陀罗[③]。劬毗耶是宝女[④]，故不曾怀孕。耶输陀罗以菩萨[⑤]出家自觉有娠。菩萨六年苦行，耶输陀罗六年不产。

诸释[⑥]诘之："菩萨出家，何由有此？"耶输陀罗言："我无他罪。我所怀子，实是太子遗体。"诸释言："所以久而不产？"答曰："非我所知。"诸释集议闻王[⑦]，欲如法治罪。

劬毗耶启王："我常与耶输陀罗共住。我为其证，知其无罪。待其子生，看似父不，治之何晚。"王即宽置。

菩萨苦行既满，初成佛夜，生罗睺罗[8]。王见其似父，爱念忘忧。语群臣言："我儿虽去，今得其子，与儿无异。"耶输陀罗恶声已着，欲除恶名。佛还迦罗，度诸释子。

时净饭王及耶输陀罗常请佛入宫食。是时耶输陀罗持百味欢喜丸，与罗睺罗捧持上佛。佛以神力变五百阿罗汉，皆如佛形，等无有异。罗睺罗年始七岁，持欢喜丸直至佛前，奉进世尊。是时佛摄神力，复比丘形，钵内皆空，唯佛钵满欢喜丸。

耶输陀罗问曰："我昔何缘，怀妊六岁？"佛答："罗睺罗过去时曾作国王。时有一五通仙人来入王国，语王言：'王以法治贼，请治我罪。我辄饮王水，用王杨枝[9]，为不与取。'王言：'我初登位，有令：皆以水及杨枝施于一切。'仙人言：'王虽已施，我心故惑。愿令见治，无令后罪。'王曰：'若必欲尔，小停，待我入宫。'入宫六日方出，仙人饥渴。仙人曰：'恐王正以此治我。'王出辞谢[10]，去。因是五百世中常六年在胎。"

注释

①**罗睺罗处胎六年：**本篇选自《经律异相》卷七《外缘佛部第四》（大正五十三·页三十二），为该卷第五则，

篇题据《经律异相》，原文出《大智度论》第十七卷。

②**劬毗耶：**梵语 Gopā 的音译，意译“明女”。悉达太子之妃。其出身各经所说不一，有说是善觉王之女的，有说是水光长者之女的。

③**耶输陀罗：**梵语 Yaśodharā 之音译，意译“持誉”。其出身各书所说不一，一般认为系善觉王之女。关于悉达太子之妃，其说不一，有二妃、三妃的各种传说；谁是正妃，其说亦不一。劬毗耶与耶输陀罗两人中，谁是罗睺罗的生母，诸经论说法亦不一。

④**宝女：**佛教名词，据说这种女性是处女身，“爱乐处身，不求侵暴”。

⑤**菩萨：**释迦牟尼佛未成道前（包括在“本生”中）居菩萨位。

⑥**诸释：**释迦族的人们（尤其特指大臣、近侍等）。

⑦**闻王：**向王（释迦牟尼之父净饭王）报告。闻是“上闻”的略语，意为向上级（特指帝王）报告。

⑧**罗睺罗：**梵语 Rāhula 的音译，意译“障月”。释尊之子，幼随释尊出家，为佛教有沙弥之始。后列十六罗汉中之第十一位。

⑨**杨枝：**梵语Danta-Kāṣṭha的意译，又译作“齿木”。古代南亚次大陆的人用一种质地松的木条（类似而不是中国的杨柳树枝）嚼松后揩齿、刮舌。这种枝条随地生

长，在那里到处都有。

⑩**辞谢：**中古时一种习用义。道歉，为自己的过失表示歉意。

译文

悉达太子有两位夫人，一位名叫劬毗耶，第二位名叫耶输陀罗。劬毗耶是宝女，所以没有怀孕。耶输陀罗在悉达太子出家那个夜里自己感觉怀了孕。太子六年艰苦修行，耶输陀罗六年也不生产。

释迦族的人盘问她："菩萨出了家，什么缘故你怀孕？"耶输陀罗说："我没有什么罪。我怀的儿子，确实是太子的骨肉。"那些释迦族的人说："你为什么长久地不生产呢？"她回答说："这个我不理解。"那些释迦族的人，在一块儿议论说要向国王报告，想要按王法惩办她的罪。

劬毗耶向国王禀报说："我常和耶输陀罗一块儿住。我给她做证，我知道她是无罪的。等她把儿子生下来，看长得像不像父亲，那时治她的罪也不晚哪。"国王就放宽了惩治日期。

菩萨苦修已经期满，就在他成佛的那一夜，耶输陀罗生了罗睺罗。国王见他长得像父亲，疼爱他而忘了忧愁。他对大臣们说："我的儿子虽然走了，现在他的儿子又来了，跟我儿子没有什么两样。”耶输陀罗的坏名声已经在家族中传开，佛要为她消除坏名声。佛回到迦罗，来度脱释迦族的人们。

净饭王和耶输陀罗曾经请佛进宫吃饭。当时耶输陀罗拿百味欢喜丸，让罗睺罗献给佛。佛用神力变出五百阿罗汉，都跟佛长得一样，毫无区别。罗睺罗年龄刚七岁，拿着欢喜丸一直走到佛的面前，献给世尊。这时佛以神通恢复了比丘的原形，别的钵内都是空的，只有佛的钵内盛满了欢喜丸。

耶输陀罗问道：“我过去是什么因果，怀孕六年？”佛回答说：“罗睺罗前世曾当国王。当时有一位五通仙人来到他的国家，对国王说：‘国王以法律惩治盗贼，请惩办我的罪。我曾经喝了国王的水，用了国王的杨枝，都没有禀报就擅自动用了。’国王说：‘我刚登上王位的时候，就下过这样的命令：愿把水和杨枝施给一切人。’仙人说：‘国王虽然已经施舍，可是我心中总是有疑团。希望现在就治我的罪，不要让我以后再犯。’国王说：‘如果一定要这样，你等一下，等我进宫去一下。’国王进宫六天才出来，仙人又饥又渴。仙人说：‘恐怕国王正是用这个办法惩治我。’国王出来道歉，仙人走了。因此罗睺罗在五百次转生中常常六年处胎。”

11 幼年为鬼欲所迷

原典

幼年为鬼欲所迷①

昔者菩萨，时为凡人，年始十六，志学弘深，达众经典。喟然叹曰："唯有佛经最真最如②，吾当怀其真处，其自安矣！"亲欲为纳妻，怅然而曰："妖祸之盛，莫大乎色。若妖蛊一臻，道德丧矣！吾不遁迈③，将为狼吞乎！"于是遂之异国，力赁④自供。

时有田翁，老而无嗣，草行⑤获一女焉。颜华绝国，欣育为嗣。采男为偶，一国无可翁者。菩萨赁积五年，观其操行，自微至著，中心嘉焉。曰："童子！吾居有足，以女妻尔，为吾嗣矣。"

女有神德[6]，惑菩萨心，纳之。无几，即自觉[7]，曰："吾睹诸佛明化：以色为火，人为飞蛾。蛾贪火色，身见烧煮。斯翁以色火烧吾躬，财饵钩吾口，家秽丧吾德矣！"夜默遁迈，行百余里，依空亭[8]宿。亭人曰："子何人乎？"曰："吾欲寄宿耳。"入睹床褥，先自有妇人焉，颜似己妻，惑菩萨心，与之共居。复积五年，明心觉[9]焉，曰："淫为蛊虫，残危身命！"默而疾迈。

又睹见妇人，与居十年。又明觉，曰："吾殃重矣！奔而不免！"深自誓曰："终不寄宿！"又复遁逃。遥睹大屋，避之草行。守门者曰："何人夜行？"答曰："趣前聚落。"又曰："有禁！"内人呼前，所睹如上。妇曰："自无数劫，誓为室家。尔走安之！"

菩萨念曰：欲根难拔，乃如之乎？即兴四非常之念[10]：灭三界诸秽[11]，何但余垢而不殄乎？鬼妻即灭。便亲睹诸佛处其前立，说无想之定[12]，授沙门戒[13]，为无胜师[14]菩萨，普度无极[15]。

注释

①**幼年为鬼欲所迷：**本篇选自《经律异相》卷八《自行菩萨部第一》，为该卷第二十则，篇题据《经律异相》，原文出《度无极经》(即《六度集经》)第八卷(详大正三·页

四十七中、下)。

②**最真最如：**真如是梵语 Bhūta-tathatā 之意译。佛教名词。意为"一切万有之本源，永远不变之真理"。汉语译文将其拆开，加上两个"最"字以示强调。

③**遁迈：**遁，逃走；迈，行也，往也。

④**力赁：**中古习用语。出卖劳力为人佣工。

⑤**草行：**中古习用语。涉草而行，即不遵大路而在荒野中行走。多用于逃跑时候。《晋书·谢玄传》："(苻坚)余众弃甲宵遁，闻风声鹤唳，皆以为王师已至，草行露宿，重以饥冻，死者十七八。"

⑥**神德：**高洁的品德。中古习用语，如《淮南子·泰族训》："巧诈藏于胸中，则纯白不备，而神德不全矣。"

⑦**自觉：**佛教名词。觉悟到自我本来具有的佛性。

⑧**亭：**古代沿途设置供送文书的人和旅客歇宿的馆舍。

⑨**明心觉：**佛教概念。指对于本来信奉的佛法，一扫疑虑，如实修行。

⑩**四非常之念：**"四非常"是佛教名词，指无常、苦、空、无我四种观念。

⑪**三界诸秽：**三界，梵语 Trayo dhātavaḥ 的意译。指众生所居的欲界、色界、无色界。其中充满各种烦恼、污秽业果，称三界诸秽。

⑫**无想之定：**梵语 Asaṃjñā samāpatti 之意译。佛教概念。意为“使一切心理认识活动完全停止，以求证得无想果”。无想果是升入无想天的一种果报，得此果者，以无想定为因，感得一种非色非心的境界。

⑬**沙门戒：**比丘戒，又称“大戒”。受此戒后方为正式出家的比丘（和尚）。

⑭**无胜师：**梵语 Ajitā，意译“无胜”。

⑮**无极：**佛教名词。佛说涅槃之妙理周遍法界，无处不至，故称无极。

译文

过去的时代，处于菩萨位的世尊，当时是一个凡人，年龄刚十六岁，就有志于学通最深的学问，通晓各种经典。他常叹着气说：“唯有佛经是一切万有的本源、永远不变的真理，我要理解这种真理的真谛，那么心中就彻底安定了！”双亲要给他娶妻，他却闷闷不乐地说：“最大的妖祸就是女色。若是这种妖孽一到，我的道德就全丧失了！我要是不远远地逃走，岂不是将要被像狼的女色吞噬了吗！”于是他远远地走到别的国家去，靠出卖劳动力养活自己。

当时有一位种田的老头，年岁已老，却没有儿子。

他在荒野走路时捡到一个女孩，长得漂亮，简直是绝代佳人。老头高兴地养育她，作为自己的后代。想选一个男人做配偶，全国都没有老头称心的。菩萨在他家工作五个年头了，老头观察他的人品，看得很仔细，心中很赞成他。老头对他说道：“年轻人！我家有足够的钱，把女儿嫁你，你当我的继承人吧。”

这个姑娘有着高洁的品德，使当时处于菩萨位的这个凡人动了心，就娶了她。没有多少时候，自身的佛性使他觉悟了，说：“我曾经听到过去诸佛明确的教化：把女色比喻为火，把人比喻为飞蛾。蛾贪火色，身体被烧着。这位老人以女色之火烧我身体，用财物钩我的嘴，拿家庭污染了我，使我丧失了道德！”夜间他就悄悄地逃走了。走了一百多里，投奔一个没人住着的馆驿寄宿。馆驿管理人问：“你是什么人？”回答：“我要寄宿。”于是就让他进去，看见床褥上已经有个妇女在那儿，长相很像自己妻子，把他迷惑了，就又跟她同居。如此过了五年，又想起了佛法、修行的利益，说：“淫是伤身的毒虫，危害人的身体性命！”就悄悄地赶紧离开。

后来又见到一个妇人，又跟她同居了十年。又觉悟起来，说：“我罪孽太重了，逃跑都躲不了！”自己深深地发誓说：“永远不再寄宿！”再一次逃掉了。他远远看见一座大房屋，就躲开它在荒野中走。守门的人问道：“谁在夜间走路？”回答说：“往前边村落去的。”守门的又说：“禁止夜行！”里面就有人喊着过来，所看见的像前面的妇人的情况一样。妇人说：“从无数劫以来，我和你已经立过永做夫妻的誓言。你要往哪儿跑！”

菩萨自己想道：欲根难拔，竟难到这种程度吗？他深自思维世间四无常的道理：我要消灭欲、色、无色三界充满各种烦恼秽污的业果，难道连这点残余的污垢都消灭不了吗？这时由鬼装扮的妻子就消失不见了。他便亲眼看见诸佛站在他面前，向他说“无想之定”，给他授沙门戒，他就成为无胜师菩萨，普度众生。

12　入海采珠以济贫苦

原典

入海采珠以济贫苦[①]

我念过去时，国人贫穷，生怜愍心，乃欲入海求如意珠。众人大会，望风举帆，诣海龙王，从求头上如意之珠。龙王闻其欲济穷士，即以珠与。时诸贾客各各采宝，悉皆具足[②]，乘船来还。

海中诸龙及诸神鬼悉共议言："此如意珠，海中上宝，非世俗人所当获者。云何损海，益阎浮利？诚可惜之。当作方计[③]，还夺[④]其珠，不可失之。"时诸龙鬼昼夜围绕，欲夺其珠。导师德尊，如意珠力不能夺之。度海即毕，菩萨踊跃[⑤]，住于海边，低头下手，咒愿[⑥]海神，以珠系颈。时海龙神因缘得便，使珠堕海。

导师感激[7]："吾行入海，乘船涉难，勤苦无量，乃得此宝，当救众乏。于今海神反令堕海！"敕边侍人捉持器来："吾卷海水，令至底泥。不得珠者，终不休懈！"即便卷水，不惜寿命。水自然起，悉入器中。

诸海龙神见之怀惧："此人威势[8]精进之力，诚非世有，水不久竭。"即持珠来，辞谢还之："吾等聊尔相试，不图精进力势[9]如是！天上天下，无能胜君！"

导师获宝，赍还国中，使雨七宝，以供天下，莫不安隐。时导师者，即我身是。

注释

①**入海采珠以济贫苦：**本篇选自《经律异相》卷九《外化菩萨部第二》，为该卷第十则，篇题据《经律异相》，原文出《生经》第一卷（即大正三·页七十五中—七十六上）。

②**具足：**佛教名词"具备满足"之简称。

③**方计：**方略与计策。中古习用语，如《三国志·魏志·贾诩传》："傕复请诩为宣义将军。"裴松之注引《献帝纪》："羌胡数来窥省门，曰：'天子在中邪？李将军许我宫人美女，今皆安在？'帝患之，使贾诩为之方计。"

《晋书·四夷传·夫馀国》:“若其遗类足以复国者，当为之方计，使得存立。”唐韩愈《柳子厚墓志铭》:“子厚与设方计，悉令赎归。”

④**还夺**：还与夺是并列结构。还夺其珠，意为还珠（使动用法，使珠还）与夺回珠。

⑤**踊跃**：中古习用法。常用以表示欢欣之状态，佛经翻译中更常用此义。

⑥**咒愿**：佛教名词。佛教徒以唱诵、默读咒语等方式为众祈愿。一般僧人常行食时、法会两种咒愿。修菩萨行者，于行住坐卧一切行仪悉应咒愿。又有为特定对象（如亡人、生子、外出商旅）做咒愿的，此处即专为龙神而做。

⑦**感激**：在中古习用法的一种意思是“感动奋发”，如《后汉书·列女传·许升妻》:“升感激自厉，乃寻师远学，遂以成名。”唐杜甫《观公孙大娘弟子舞剑器行并序》:“(张旭)自此草书长进，豪荡感激。”

⑧**威势**：有威严，有气势、势力。

⑨**力势**：力量和势头。中古习用语，如潘岳《沧海赋》:“力势之所回薄。”中古另有一种意为“势力”之“力势”，两者语义不同。

译文

佛说：我回忆过去的时代，国内的人民贫穷，我的前身生出怜悯之心，就想到海里去找如意珠。我和大家集合在一起，顺着风扬起了帆，去找海龙王，求他施舍头上的如意珠。龙王听说是要救济穷苦的人，就给了珠子。当时每位商人都在海里采集了很多宝贝，完全满足了，就乘船回来了。

海中龙和神鬼一块儿议论说："这个如意珠，是海中最高级的宝贝，不是世俗人应该得到的。为什么让我们大海受损失，倒让世间社会得到好处呢？实在可惜了。现在应当想个办法，把珠子夺回来，别失掉它。"这时这些龙鬼们日夜地围着船，要夺回他们的珠子。当时作为引路人的我，乃是有福的尊者，他们想用力量夺取如意珠是夺不了它的。渡海以后，当时处于菩萨位的我，高兴得跳起来，停在海边，低头垂手，向海神祝愿，把珠子系在脖子上。这时海龙神趁此方便，让珠子落到海中。

当时处于菩萨位的我非常激动："我们这些人到海里去，乘船经历过无数艰难，十分劳苦，才得到这个宝贝，要拿它去救济大众的贫乏。现在海神反倒叫它掉到海中去！"就下令旁边侍候的人拿一个器皿来，说道："我要席卷海水，一直到见了海底的泥。如果得不到珠子，决不休息怠惰！”就席卷海水，拼命地做。水自然地升起来，全都进了容器中。

这些海龙神见了都害怕起来：“这个人的威严和精进的力量太大，简直少有，水不久就要干了。”于是他们就拿珠子来，向当时处于菩萨位的我道歉，还了珠子，说：“我们不过试试您，料想不到您精进的力量这么大，天上天下，没有能胜过您的！”

当时做引路人的我得了宝贝，回到本国，让如意珠像下雨一般洒下七宝，供应天下的人，使大家都过着安定的生活。那时的引路人，就是我的前身。

13 能仁为淫女身
转身作国王舍饲鸟兽

原典

能仁为淫女身转身作国王舍饲鸟兽[①]

过去世时，优波罗越国[②]五谷丰熟，人民众多。国中有王，名波罗[③]。先时有淫女，容色姝丽，遇[④]往他舍，值其生男，欲啖其子。淫女问之，报言："我饥！"淫女言："且待我为汝觅食。"答言："饥急！卿[⑤]未出门，我当饿死，那得待卿！"淫女念言：若持儿去，母便饿死，若置便啖。要令俱济。淫女自割两乳与之令啖，其母便食。淫女问言："卿为饱未？"报言："已饱！"

淫女还家，有一男子至淫女舍，见之便言："谁割汝乳！"便有悲意，不复起欲。男子问言："姊当为我现此至诚。”淫女言：“实诚至者，令乳平复。”应时两乳平复如故。

释提桓因见此淫女布施之福，恐夺其座，作婆罗门，往至其家。淫女便以金钵盛饭与婆罗门。时婆罗门却不肯受。女问：“道人何为不受？”报言：“我不用食。闻汝布施乳，为审尔不？”报言：“实然。”婆罗门言：“汝持乳施，意宁悔不？”女言：“若我至诚，持乳布施，意无异者，令我转身⑥得作男子。”言竟即转。

时优波罗越王治国已五十岁，寿尽终亡。傍臣左右闻淫女转身作男，念言：正当立之作王。便共请立。既立之后，好喜布施。随其所须，皆给与之，教一天下持八关斋。如是国治，人民欢乐，寿算延长。王乃念言：我虽布施，未以身施。以身施者，尔乃为难。时王即以苏香涂身，便入空山，卧岩石上。是诸百鸟皆来生啖。命过⑦之后，生婆罗门家，端正姸好。

至年长大，窃出向市，观见贩卖贫穷乞者，即悲哀之，言：“此人民若使富乐，则不贩卖！”驰白父母，乞为沙门。父母不许，子便不食五日，诸亲知来，咸相晓谏。童子不应。诸亲喻其父母，劝听学道。父母相看，悲泣听之。子供养父母六七日中，又复围绕三匝，作礼便去。至丛树间，见两道人，得五神通，露坐念道，为人民故，作勤苦行。童子即便坐丛树下，禅思苦行，即得五通。精进勇猛，逾二道人。

诸道人法：果树自堕，乃取食之，不从树摘。道人共行，求诸果蓏，见妊身虎。童子道人语两道人：“虎今不久当产。饥饿经日，恐自啖子。谁能持身饲？”弥勒言曰：“我当持身饲之。”采果适还，见虎已产，甚大[⑧]饥饿，欲食其子。

童子道人语两道人：“虎已产乳，饥欲啖子，谁能持身救其饥苦？”共至虎所，虎开目张口向两道人。道人畏惧，便飞虚空。其一人言：“卿之至诚，为如是耶？属身饲虎，今何故飞？”其一道人哀之泪出，左右顾视，并无所有。童子道人即取利刀，刺臂流血，如是七处。血入虎口，因以饮之。自投虎前，以身饲虎。

佛语阿难：“欲知尔时淫女及立为王并婆罗门子投身喂虎，悉是我身。时道人者，是迦叶、弥勒二菩萨也。”

注释

①**能仁为淫女身转身作国王舍饲鸟兽**：本篇选自《经律异相》卷十《随机现身上・菩萨部第三》，为该卷第二则，篇题据《经律异相》，原文出《前世三转经》（大正三・页四四七下—四五〇上）。

②**优波罗越国**：可能是“迦毗罗卫”（一译“迦维罗

越”）的异译。

③**波罗：**大约是梵语 Bala（意译“力”）之音译。

④**遇：**中古的一种习惯用义为“正赶上”“恰好碰上”。

⑤**卿：**中古习用之第二人称代词。用于指称与自己身份、辈分平等之对方，带有亲密意味。

⑥**转身：**佛教术语，义为“转换性别”。常特指由女身转化为男身。

⑦**命过：**佛教术语，指人死后经过轮回转生的阶段。

⑧**甚大：**甚与大，以近义副词组合成表达最高级程度的副词性词组。

译文

在过去的时代，优波罗越国五谷丰登，人民很多。有一位国王，名叫波罗。那时有个淫女，长得非常漂亮。她往别的女人家中串门，正赶上那个女人刚生了个男孩，想吃掉她儿子。淫女问缘故，她回答说：“我饿。”淫女说：“你先等我为你找吃的。”回答说：“我饿极了！你还没出门，我就饿死了，哪里能等到你回来！”淫女心里想：我若是把她儿子抱走，做母亲的就饿死了。如果把孩子放在这儿，她就给吃了。一定要让两个人都得到周济。淫女割下自己的两个乳房，给她吃。那个母亲就吃了。淫女问她说：“你吃饱了没有？”回答说：“已经饱了！”

淫女回到家中，有一个男人到淫女的住处，见了这情况就说：“谁割了你的乳房？”男人悲伤，一点性欲也没有了。男人问她：“你是否能让我看到你至诚心愿感应的好结果？”淫女说：“如果我的至诚真感动了上天，就使我的两个乳房恢复正常。”当时她的两个乳房就恢复得跟原来的一样。

帝释天看见这个淫女布施得到好结果，唯恐夺了他的宝座，就变成婆罗门，到她家来。淫女就拿金钵盛饭给婆罗门，当时婆罗门不肯要。淫女问：“道人你为什么不接受呢？”回答说：“我不吃这个。听说你曾经施舍你的乳房，是不是真的这样？”淫女回答说：“确实是真的。”婆罗门说：“你拿乳房施舍，心里后悔吗？”淫女说道：“若是我内心至诚，拿乳房布施，心中没有别的想法的话，让我转身能变作男人。”说完话立刻她就变成了男人。

这时优波罗越王管理国家已经五十年，寿数已尽就死了。他的大臣们听说淫女转身成为男人，想道：正好可以把他立为国王。就一同去请他当国王。他当了国王，喜欢布施。按人们的需要，都给他们，指导全国的人民都持八关斋戒。这样，国家就治理得很好，人民欢乐，活得寿命很长。国王又想道：我虽然做布施，并没有用自己身体施舍。身体的布施，那是最难的。当时国王拿酥香涂身，就进了荒山，躺在岩石上。那儿的鸟都来叼活人肉吃。死后，国王转生到婆罗门家，相貌非常漂亮。

长大以后，偷偷从家里出来到市场去，看见贩卖人口的，就悲哀说："这些人民，若让他有钱快乐，就不被贩卖！"回家跟父母说，请求让他出家。父母不答应，这个孩子就五天不吃东西，那些亲戚知道了，都来劝他。这孩子不吭声。亲戚们跟他父母商量，鼓动他们遂孩子自己的心愿去学道。父母互相看着，流着眼泪答应了他的要求。为了报答父母养育之恩，供养父母六七天，又绕着家门转了三圈，行了礼才走。他来到密密的树林里，看见两个修行的人，他们已经得了五神通，王在露天坐着修道，为了度众生，他们很辛苦地修行。这年轻人就坐在树下坐禅思维，做种种苦行，最后就得到了五神通。他努力精进，非常迅速，超过了那两位修行者。

那些道人有一个规则：果子从树上自己落下来，才取过来吃，不从树上摘。修行者一块出行，找那些掉在地上的瓜果，忽然看见一只有身孕的老虎。年轻的修行者对两个修行者说："老虎过不多久就要生产了。饿了好几天，恐怕要吃了自己的儿子。咱们谁能拿身体喂老虎？"修行人中弥勒的前身说："我要拿身体喂它。"他们采了果子正好回来，看见老虎已经生产了，饿得要命，要吃它的儿子。

年轻的修行者对两个道人说："老虎已经有奶了，它饿得要吃儿子，谁能拿身体救它的饥苦？"他们一同走到老虎那儿，老虎瞪着眼张着嘴对着两个修行者。修行者害怕，就飞到天空上。其中一个人说："你至诚的修行是如此表现的吗？要将身体喂虎，现在却飞到天上？"在天上的修行者为年轻的修行者要以身喂虎而悲哀流出眼泪，向左右两边看，没有别的食物能喂虎。年轻的修行者就拿快刀，刺自己的胳膊流出血来，刺了七处。于是就把自己的血让老虎喝。自己投身在老虎面前，把身体喂老虎。

佛对阿难说："要想知道那时的淫女以及国王、投身喂虎的婆罗门的儿子是谁，他们都是我的前身。当时的修行者，是迦叶、弥勒二菩萨。"

14　现为大理家身济鳖及蛇狐

原典

现为大理家身济鳖及蛇狐[1]

昔者菩萨为大理家[2]，积财巨亿，常奉三尊[3]，慈向众生。

往市观戏，即见一鳖，心便悼之。问价贵贱。鳖主知菩萨有普慈之德，常济众生，财富难数，贵贱无违，答曰："百万！能取者善。不者，吾当啖之。"菩萨答曰："大善！"持鳖归家，澡护其伤，临水放之。睹其浮去，悲喜誓曰："太山饿鬼[4]、众生之类，世主牢狱，早获免难，身安命全，如尔今也。"稽首十方，叉手愿曰："众生扰扰，其苦无量。吾当为地[5]：为旱作润，为湿作筏。饥食渴浆，寒衣热凉。为病作医，为冥作光。若有浊世颠倒之时，吾当于中作佛，度彼众生矣。”十方诸佛皆善其誓，赞曰：“善哉！必获尔志。”

鳖后夜求[6]咋其门，怪门有声，使出睹鳖，还如事[7]白。菩萨视鳖，即人语曰：“吾受重润，身命获全，无以答谢。水居之物，知水盈虚。洪水将至，必为大害。愿速严船[8]，临时相迎。”答曰：“大善。”

明晨诣宫门，如事启王。王曰：“菩萨宿有善名。”信用[9]其言，迁下处高。时至鳖来，曰：“洪水至矣！可速上载，寻[10]吾所之，必获无患。”船寻其后，有蛇趣船。菩萨曰：“取之！”鳖曰：“大善！”又睹漂狐，曰：“取之！”鳖亦云：“善。”又睹漂人，搏颊呼天：“哀济吾命！”又曰：“取之。”鳖曰：“慎无取也。凡人心奸伪，少有终信。背恩追势，好恶凶逆[11]。”菩萨曰：“虫类[12]尽济，更弃求之，岂是仁哉！吾不忍为也。”于是取之。鳖曰：“悔哉！”遂之丰土。

鳖辞曰：“恩毕请退。”答：“吾获为如来、无所着、至真、等正觉[13]，必当相度。”鳖曰：“大善。”鳖退，蛇、狐各去。狐以穴为居，获古人伏藏[14]紫磨金[15]百斤，喜曰：“当以报彼恩矣！”驰还白曰：“小虫受润，获济微命。虫穴居之物，求穴自安。获金百斤。斯穴非垦非家，非劫非盗，吾精诚之所致。愿以贡贤。”

菩萨深唯：不取，徒损无益于贫民。取以布施，众生获济，不亦善乎？寻而[16]取之。漂人睹焉，曰："分吾半矣。"菩萨即以十斤惠之。漂人曰："尔掘垦劫金，罪应奈何！不半分之，吾必告有司。"答曰："贫民困者，吾欲等施。尔欲专之，不亦偏乎？"漂人遂告有司。

菩萨见拘，无所告诉，唯归命三尊，悔过自责："慈愿众生早离八难[17]，莫有怨结[18]，如我今也。"

蛇、狐会曰："奈斯事何？"蛇曰："吾将济之。"遂衔良药，开关入狱。见菩萨状，颜色有损，怆而心悲，谓菩萨言："以药自随。吾将咋太子，其毒尤甚，莫能济者。贤者以药自傅，即瘳矣。"菩萨默然。蛇如所云。太子将殒，王命曰："有能济兹，封之相国，吾与参治[19]。"

菩萨上闻，傅之即瘳。王喜问所由，因本末自陈。王怅然自咎，即诛漂人，大赦其国。封为相国，执手入宫，并坐而曰："贤者说[20]何书，怀何道，而为二仪[21]之仁，惠逮众生乎？"对曰："说佛经，怀佛道也。"曰："佛有要诀不？"答曰："有之。佛说四非常。存之[22]者，众福昌。"王曰："善哉！愿获其宝。"菩萨说之。王曰："善哉！佛说'非身[23]'，吾心信矣。身且不保，岂况国土乎！痛我先王，不闻无上正真正觉、非常、苦、空、非身之教。"

王即空藏[24]，布施贫乏，鳏寡、孤儿，怜之如子。

举国欣欣，含笑且行，仰天叹曰："菩萨神化，乃至于兹！"四方叹德，遂至太平。

佛告沙门："菩萨者，吾身是也；国王者，弥勒是；鳖者，阿难㉕是；狐者，鹙鹭子㉖是；蛇者，目连㉗是；漂人者，调达㉘是。"

注释

①**现为大理家身济鳖及蛇狐：**本篇选自《经律异相》卷十一《随机现身下·菩萨部第四》，为该卷第四则，篇题据《经律异相》，原文出《六度集经》卷第三（大正三·页十五上—十六上）。

②**大理家：**大理财家、理财能手。

③**三尊：**中尊与左、右尊合称三尊。可为三尊佛（有多种配置法）或一佛二菩萨（视中尊而定左右尊）等三尊。

④**太山饿鬼：**中国古代神话中以为泰山为幽冥地府。早期佛经翻译中也用"太（泰）山"来译"地狱"这一概念。此处的"太山饿鬼"即"地狱中的饿鬼"。

⑤**地：**"道地"之"地"，言预先为之详审、准备。中古习用语。《汉书·酷吏传·田延年》："欲为道地。"注："为之开通道路，使有安全之地也。""为地"，即为别人设想，给人留有活动余地。

⑥**求**：寻找。

⑦**如事**：按照事情的本来情况。

⑧**严船**：收拾好船。“严”在中古的一种习用义为“整备好（物品）”“装束好（衣装、用具、武器等）”。

⑨**信用**：相信和采用。中古习用语。如司马彪《续汉书》：“妖邪之书，岂可信用！”

⑩**寻**：跟随，循着。

⑪**凶逆**：凶恶悖逆。中古习用语。如《后汉书·董卓传》：“汝等凶逆，逼迫天子。”徐陵《在北齐与杨仆射书》：“侯景凶逆，歼我国家。”

⑫**虫类**：古代汉语中“虫类”含义广泛，可泛指一切非人类的大小动物。如老虎就是“大虫”。

⑬**无所着、至真、等正觉**：无所着，“应供”（音译“阿罗汉”）之异译，佛十号之一。至真，又译作“无上士”，梵语 Anuttara 之意译，佛十号之一。等正觉，在此为“无上等正觉”之简称，梵语 Asmyak-saṃbuddha 之意译，又译作“无上正遍知”，音译“阿耨多罗三藐三菩提”。

⑭**伏藏**：埋藏在地下的宝物。

⑮**紫磨金**：带有紫色的最上品黄金。磨，有“无垢浊”“经过精制”之意。佛教对这种金及其色泽特别重视，认为佛身即为紫磨金色身。

⑯**寻而**：表示时间的副词性词语；不久。

⑰**八难**：梵语 Aṣṭāv akṣaṇāh 的意译。佛教名词，指见不到佛和听不到正法的八种障难：在地狱难、在饿鬼难、在畜生难、在长寿天难、在边地之郁单越（意译“胜处”）难、盲聋喑哑难、世智辩聪难、生在佛前佛后难。

⑱**怨结**：郁闷在心中的怨气；怨气郁结。中古习用语，如《后汉书·明帝纪》：“今永平之政，百姓怨结。”王符《潜夫论·爱日》：“正士怀怨结而不见信。”

⑲**参治**：共同治理。

⑳**说**：通“悦”。

㉑**二仪**：天地。

㉒**存之**：心里想着它。

㉓**非身**：梵语 Anātman 的意译，通常译作“无我”。佛教根本教义之一。有两种无我：人无我，即生存者乃物与心两方面假和合而成，别无真实的生命主体可言；法无我，即一切万法均依因缘而生，没有独自、固有的本性（自性）。

㉔**空藏**：藏，仓库。空藏，把仓库中的钱物全拿出来。

㉕**阿难**：梵语 Ānanda 的简略音译，全译“阿难陀”，意译“庆喜”。释尊的从弟（堂弟），十大弟子之一。汉化寺院中常作为释尊之右胁侍。

㉖**鹙鹭子**：梵语 Śāriputra 之意译，音译“舍利弗”，

十大弟子之一。梵语 Śāri 音译“鹙鹭”“鸲鹆”，意译“百舌鸟”。Putra 义为“子息”。舍利弗出生时，其母以其眼似鹙鹭，故名。

㉗**目连**：梵语 Mahāmaudgalyāyana 的音译简称。全称“摩诃目犍连”，十大弟子之一。其母堕饿鬼道中，目连作盂兰盆会，以解救其母所受之厄难。

㉘**调达**：梵语 Devadatta 之简略音译，全译“提婆达多”，意译“天授”。释尊之从弟。幼时即常与释尊竞争。释尊成道后，调达随之出家，约十二年后独立自组僧团，与佛对立。在本生经故事中，他常以反面人物面目出现。

译文

从前处于菩萨位的世尊的前身，是一位理财的能手，积累了巨亿的财富，常常供奉三尊，对众生很慈悲。

有一次他去市场看演出，就看到一只鳖，心里很可怜它。问多少钱。卖鳖的知道菩萨有普济慈悲之心，常救济众生，并且十分有钱，无论高贵的人或贫贱的人的请求，他都不会拒绝，商人开价：“一百万！最好把它拿走。不然的话，我就要吃了它。”菩萨回答说：“很好，我买下。”菩萨带着鳖回家，给它洗伤口，到水边放了它，看它游向大海，又悲又喜地祈愿说：“阴间的饿鬼、各种生灵，在牢狱中的人们，希望他们都像现在这样，早早地解除苦难，身体平安，能够活命。”他又向十方礼拜，叉手发出誓愿：“各种生灵之间斗争残害，混乱不堪，引发了不可计量的痛苦。我要给他们想办法：旱天给水，给潮湿的水乡做木筏。饥饿了给吃的，渴时给水喝，寒冷给衣服穿，炎热了给凉风。给有病的人做医生，为照亮黑暗而放光明。若是有混浊的社会，我当在这个社会中做佛，度脱那些众生。”十方诸佛都赞叹说：“很好！你的愿望必然得到实现。”

鳖后来在夜间找他，用牙咬门，他很惊讶门外有声音，派人出去看，见了鳖，回来如实地报告。菩萨去见鳖，鳖说了人话：“我受到你很重的恩惠，使我保住了性命，没有什么报答的。我们住在水里的动物，知道水涨水落，洪水就要到了，必然造成大灾害。希望你赶快收拾好船，到时候我来接你。”菩萨回答说：“很好。”

第二天早晨他去到宫门，把情况如实禀告给国王。国王说：“这个人一向有好名声。”就相信和采用了他的话，由低洼的地方搬到高处去了。到时候鳖来了，说：“洪水到了！要赶快上船，跟着我走，一定得到安全。”船就跟在它后面，有一条蛇对着船游来。菩萨说：“救它！”鳖说：“好！”又看见一只漂流的狐狸，菩萨说：“救它！”鳖也说：“很好！”又看见一个漂流的人，正一边打自己的脸，一边喊天：“可怜我，救我命吧！”菩萨又说：“救他。”鳖说：“千万不要救他。凡是人，心肠奸伪，很少有一直保持信誉的时候。人们常常背弃恩德，趋炎附势，喜欢凶残的事。”菩萨说：“连动物都救济，却舍弃求救的人，哪里算是仁德呢！我不忍这样做啊。”于是救了他。鳖说：“你会后悔！”他们平安到了丰饶的土地上。

鳖告辞说：“我已报了恩，我要走了。”菩萨回答说：“我将来要是能达到如来、无所着、至真、等正觉的地位，我必定来度脱你。”鳖说：“太好了。”鳖走了，蛇、狐狸都各自走了。狐狸在洞里住，得到了古人埋在地下的一百斤黄金，高兴地说：“我应该拿黄金报答恩惠了。”就飞快地跑回去说道：“我这个小动物受到你的恩惠，保住了性命。我本来是住洞的动物，找洞穴去安身。无意中得到了一百斤金子。这个洞里的东西不是农垦得来的，也不是家藏的，不是抢来的，也不是偷来的，是我的心诚得来的。我愿意把它献给贤人。”

菩萨深思说：如果不要，对于贫民只有损失，没有好处。拿它去布施众生，众生得到救济，不也很好吗？接着就答应接受了。漂流获救的人看见了金子，说：“分给我一半吧。”菩萨就拿十斤送给他。漂流获救的人说：“你挖掘窖藏，抢来金子，这个罪过应该怎么办！不分我一半，我就上告有关部门。”菩萨回答说：“贫民有困难的，我要平均分配给他们。你要自己独占它，不也太不合情理了吗？”漂流获救的人就去向有关部门报告。

菩萨被逮去，无处申冤，只有向三尊祈祷悔过，自己责备自己：“希望三尊使众生早离八难，彼此间不要生怨恨，就像今天我这样。”

蛇和狐狸在一块儿商量说：“这件事儿怎么办呢？”蛇说道：“我要帮助他。”于是就嘴衔着良药，从门缝儿钻到监狱里去。看见菩萨的样子，脸色憔悴，心中非常悲伤，对菩萨说道：“你可要把这药保存好。我要去咬太子，那个毒很厉害，没有能解毒的东西。贤人你自己拿药去给他敷上，他就会痊愈了。”菩萨默默地答应了。蛇按自己的办法前往。太子中毒快要死了，国王下命令说：“有谁能解救太子，我就封他当相国，和他共同治理国家。”

菩萨向国王禀报说，自己能解毒。国王就让他去，用药给太子敷上，就完全好了。国王高兴地问他原委，菩萨把情况解说一遍。国王闷闷地责备自己的过错，马上就杀了漂来获救的那个人，对全国实行大赦。封菩萨为相国，拉着菩萨的手进到宫里，坐在一起说：“贤人喜欢什么书，信仰什么道，才成为天地之间最有仁德的人，给众生以恩惠呢？”菩萨回答说：“我喜欢佛经，研究佛说的道理。”国王说：“佛的道理中有最精要的吗？”回答说：“有最精要的。佛说的‘四种无常’就是最精要的。

心中想着它，各种福就产生了。”国王说：“太好了！我愿意得到它。”菩萨向他说了“四种无常”的道理。国王说：“好极了！佛说‘无我’，我心中相信了。身体还保不住，何况国土呢！我最伤心的是，先王没有听说过无上正真正觉、非常、苦、空、非身的教导。”

国王就把国库的钱物全拿了出来，布施贫困的人，还有鳏夫、寡妇、孤儿，怜悯他们像怜悯自己孩子一样。全国人都高高兴兴，大家含着笑，仰天赞叹说：“菩萨神通变化，竟到这种地步！”周边各国都赞叹菩萨道德高尚，于是天下太平。

佛告诉僧人说：“菩萨，是我的前身；国王，是弥勒的前身；鳖，是阿难的前身；狐狸，是舍利弗的前身；蛇，是目连的前身；漂流获救的人，是调达的前身。”

15 女人在胎听法 转身为丈夫出家修道

原典

女人在胎听法转身为丈夫出家修道[①]

佛在罗阅祇[②]，菩萨及四部[③]大会。佛说法，有迦罗妇[④]怀妊在座，腹中怀子，叉手[⑤]听经。佛欲使众会见之，便现大光明，照迦罗妇座。众人皆见腹中女叉手听经，犹如照镜。佛持八种声[⑥]问腹中女言："汝以何故叉手听经？"用佛威神，即答佛言："以世间人皆行十恶[⑦]，我欲令行十善[⑧]；又以世人生死不绝；又世间人不孝从父母，不供养沙门、婆罗门道人，是故叉手听经。"

时，女说是语竟，便生，譬如太子，从右胁生[⑨]。地为六反震动。虚空中有自然天乐，雨天众花。千叶莲华大如车轮，以宝作茎，状如青琉璃，女即坐莲华上。帝释持天衣与女着之，女报言："汝为罗汉，我为菩萨。汝非我辈，不与我同类，我自有衣。"

舍利弗白佛："此女从东南方佛刹清净国[10]来，去此十万佛刹。"本国衣便自然在虚空中来，肃肃有声。女见衣来便着之，当得五通，又女本国人尽得五通。女得衣着讫，便从莲华上下，行至佛前。女一举足，地为六反震动。头面着地，为佛作礼，三言"南无佛"[11]。便长跪白佛："今座中大有诸迦罗妇，愿佛为说经，令得男子身。"

佛言："我亦不使汝作男子，亦不使汝作女人，皆自从身行得耳。"佛言："有一事可疾得男子。何等为？一发心为菩萨道。又女人身当自内观，譬如机关骨节相拄，但筋皮在上。女人常畏人，譬如蚖蛇虾蟆，不敢昼出。"时座中迦罗妇七十五人，闻佛说经，欢喜踊跃，前以头面着地，为佛作礼。白佛言："我愿发菩萨心，作男子。我若不得男子身，我终不起。"

时，七十五迦罗越从舍卫国来，至佛所，见诸妇皆在佛前，便心念言：失已！我曹妇。便问舍利弗："此诸女人是我曹妇，何为是间？"舍利弗答言："欲作比丘尼，卿当听不？"迦罗越答言："先使我曹作比丘。"舍利弗白佛言："是七十五迦罗越皆欲作比丘。"佛呼："善男子来！

皆作比丘。”头发自然堕，袈裟便来着身，手持应器，皆前为佛作礼。

时，七十五妇各脱珠环，皆以散佛上，便自然虚空中化作七十五交露珠瓔珞帐，帐中有七宝床，上有座佛，边有无数菩萨听经。七十五妇人见是变化，皆大欢喜，即用佛威神飞住虚空，自然有花雨散佛上。从虚空中来下，便得男子身。前白佛言：“我愿作比丘。”佛语弥勒菩萨：“将去授戒！”弥勒菩萨即授戒，作比丘僧。

女自然有化花盖⑫七重，茎如莲花，即持与母，言：“佛是天上天下度人之师，母以花盖上佛，是天上天下师之盖。上之后，母以当为天下之盖。”女语母言：“今当发菩萨心。”母答女言：“我始怀汝时，于梦中常见佛及法、比丘僧，无三毒⑬心，身体安隐。知我腹中子为是菩萨摩诃萨，以是安隐。”时发菩萨心，以母得花盖便持上佛，地为六反震动。佛语舍利弗：“四天下星宿尚可知数，是女前后所度父母不可知数。”

注释

①**女人在胎听法转身为丈夫出家修道：**本篇选自《经律异相》卷十二《出家菩萨·僧部第一》，为该卷第八则，篇题据《经律异相》，原文出《腹中女听经》（大

正十四·页九一四中—九一五上)。

②**罗阅祇：**梵语 Rājagṛha 的音译，意译“王舍城”，摩揭陀国之都城。释尊传教中心地区之一。

③**四部：**此处指列座于释尊说法大会上的四类大众：发起众(发起安排法会者)、当机众(在会上立受证悟者)、影响众(匡辅者)、结缘众(留有未来得度因缘者)。

④**迦罗妇：**梵语 Gṛha-pati，音译“迦罗越”，意译“居士”“长者”“家主”等。原指南亚次大陆四种姓中吠舍(梵语 Vaisya 之音译，经营实业者)中之大富豪，乃理财之士。佛教亦称居家修道学佛之士为居士。早期佛教时代，此种富豪多支持佛教。此处即兼备两种身份。“迦罗妇”为迦罗越的妻子、主妇。

⑤**叉手：**古代南亚次大陆致敬方式之一。合掌向上，两手五指交叉，右指盖左指。佛教特称为金刚合掌。中国禅林采用俗礼拱手，亦称叉手。以左手把住右手，两拇指略向上，当胸稍离身。

⑥**八种声：**又称“八音”“八种清净音”“八种梵音”“八梵”。意为：佛口出音，具有八种殊胜功德，众生听了立即了解觉悟。八种声：极好音(悦耳声)、柔软音(发喜声)、和适音、尊慧音(入心声)、不女音(无厌声)、不误音(分明声)、深远音(深妙声)、不竭音(易了声)。

⑦**十恶：**十恶业。佛教术语。指身、口、意三业中所行的十种恶行为。十恶为：杀生、偷盗、邪淫、妄语、两舌、恶口、绮语、贪欲、嗔恚、邪见。

⑧**十善：**十善业。佛教术语。指身、口、意三业中所行的十种善行为。

⑨**譬如太子，从右胁生：**像悉达太子（未成道在俗时的释迦牟尼）那样，从母亲的右胁下降生。

⑩**佛刹清净国：**指佛所住之国土，又称"清净土""净土""佛国土"。

⑪**南无佛：**梵语 Namas，音译"南无"，义为"敬礼"。"南无佛"即向佛敬礼。

⑫**花盖：**华（花）盖，梵语 Puṣpa-cchatra 之意译。以花朵、华鬘（梵语 Kusumamālā 之意译，花环）等装饰之伞盖，多为尊者所用。佛顶所悬特称宝盖。

⑬**三毒：**佛教术语，指贪欲、嗔恚、愚痴三种烦恼。

译文

佛在王舍城，菩萨和四部大众聚在一起听说法。在佛说法时，有一个怀孕的长者妻子在座。她腹内的小孩，也叉着手恭敬地在听讲经。佛想要让在座的大众都看得见，就放出大光明，照在长者妻子的座位上。众人都看到了她腹内的女孩叉手听经，就像照镜子那么清晰。佛用八种声问腹内女孩："你因为什么缘故叉手听经呢？"靠着佛的威力，她回答佛的话："人世间的人都在做十种恶业，我想让他们行十种善行；又因为世间人生死轮回不断；他们不孝敬父母，不供养出家人、婆罗门修行者，因此因缘我叉手听经。"

正当女孩说完话，就降生了，跟悉达太子一样，从她母亲的右胁生出来。这时大地为她做六次不同震动。天空中有自然的天乐，满天的花朵像飞雨一样洒下来。千叶莲花像车轮一般大，莲花的茎由七宝做成，形状像青色琉璃，女孩就坐在莲花上。帝释天拿天衣给女孩穿，女孩回答说："你是罗汉，我是菩萨。你跟我不一样，咱们不是同类人，我有自己的衣服。"

舍利弗对佛说："这个女孩是从东南方佛住的清净国来的，离这儿十万佛刹。"女孩本国的衣服就自然地从空中下来，发出唰唰的声音。女孩看见衣服来了就穿上它，当时就得到了五种神通；另外，女孩的国里的人都得了五种神通。女孩把得到的衣服穿好了，就从莲花上下来，走到佛前。女孩一迈脚，大地就发出六次不同震动。她脸伏到地面，向佛礼拜，念了三句"南无佛"，就长跪对佛说道："现在在座的有许多长者的妻子，希望佛给她们说经，让她们转为男身。"

佛说："我不能让你们转男身，也不能让你们这些人做女身，这都是要靠自己本身的修行才能得到。"佛说："有一种办法可以很快地变为男身。怎么做呢？专心行菩萨道。作为一个女人应该内省观察自己的身体，你们的身体内是一堆连在一起的骨头，外边包着一层皮罢了。女人心性怯弱，她们像蛇、蛤蟆、虾一类动物一样，白天不敢出来。"这时座上的长者妻子七十五人，听佛说经，欢喜得跳了起来，走到佛面前，脸伏到地上，向佛礼拜。向佛说："我们愿意发菩萨心，转作男身。我们若是得不到男身，就再也不起来。"

当时七十五个长者从舍卫国来，到佛那里，看见这些妇女都在佛面前，就心中想道：我们将失去自己的妻子！他们就向舍利弗问道："这些女人都是我们的妻子，在这儿做什么呢？"舍利弗回答说："她们想要成为比丘尼，你们愿意吗？"长者们回答说："先让我们做比丘吧。"舍利弗对佛说："七十五个长者都想成为比丘。"佛高声叫道："善男子过来！都来当比丘吧。"他们的头发自然脱落，袈裟就披到了身上，手中拿着钵盂，都走上前向佛顶礼。

这时七十五个妇女各各摘下珠环，都拿它往佛的头顶上空扔去，就从空中自然变化成七十五个装饰着珠宝璎珞的围帐，围帐中有七宝床，床上坐着佛，床边有无数的菩萨听经。七十五个妇人看见这种变化，产生了大欢喜，就凭借佛的威力神通，飞向天空停住。这时，自然有花雨从佛头上飞洒下来。这时她们又从天空下来，就得了男身。他们走到佛前，说："我们愿意当比丘。"佛对弥勒菩萨说："带他们去受戒！"弥勒菩萨就给他们授戒，做了比丘。

那个刚生出的女孩自然变出了七层的华盖，华盖的杆儿像莲花的茎，就把华盖拿给她母亲，说道："佛是天上天下度脱人的导师，母亲你把华盖献给佛，这个华盖是天上天下导师的华盖。献上之后，母亲你就成为普天下的华盖。"女孩对她母亲说："现在你应当发菩萨心。"母亲回答女孩说："我当初怀你的时候，在梦里常看见佛、法、比丘僧，没有贪、嗔、痴等烦恼心，身体安宁。便知道我腹中的小孩是菩萨，所以安宁。"当时她发菩萨心，拿华盖献给佛。大地为她发出六次不同震动。佛对舍利弗说："四天下的星星还可以数出数目，而这个女孩前后度脱的父母却没法知道数目。"

16 阿那律等共化跋提长者及姊

原典

阿那律等共化跋提长者及姊[1]

阿那律[2]、大迦叶[3]、目连、宾头卢[4]共议："今王舍城有不信乐[5]佛、法、僧者，我等当共令其信乐。"作是议已，遍观远近，唯见跋提长者[6]及其姊不信三宝。上三声闻[7]言："能化跋提。"

时彼长者作七重门，有三部伎[8]。若欲食时，七门皆闭，一食作一部伎。阿那律于其食时，在其前乞。长者问言："从何处入？"答："从门入。"即问守门。"门闭如故，不见人入。"长者便以一片麻饼着其钵中，得已即去。

于后食时，迦叶复乞，亦复如此。得一片鱼，着其钵中。其妇问言，意谓："比丘不能得，而来乞耶？"答曰："如是。"妇言："前来比丘名阿那律，释种之子。舍三时殿[9]、五欲之乐，出家学道。后来比丘是毕波罗延摩纳[10]大姓之子，舍九百九十田宅、犁牛，出家学道。愍念君故，来乞食耳。"长者闻已，内怀敬伏。于是目连飞空说法，示教利喜。即于座上远尘离垢，得法眼净[11]。见法得果，即受归戒。上三声闻语宾头卢："我等今者已化跋提，令其信法。汝今宜行，次化其姊。"

时宾头卢晨朝持钵，往到其舍。时长者姊手自作饼，忽见来乞，便语之言："决不与汝！一心视钵，欲以何为！"宾头卢便身中烟出。复语言："举身烟出，亦不与汝！"宾头卢便举身火然。复语言："举身火然，亦不与汝！"宾头卢便飞腾虚空。复语言："飞腾虚空，亦不与汝！"宾头卢便倒悬空中。复语言："倒悬空中，亦不与汝！"宾头卢作是念：世尊不听我等，强从人乞。便自出去。

去王舍城不远，有大石。宾头卢坐其上，合石飞入王舍城。城中人见，皆大怖惧，恐石落地，莫不驰走。至长者姊上，便住不去。彼见是已，即大恐怖，白言："愿施我命。反石于先，我当与食。"宾头卢便持石还着故处。

至其前往，长者姊作是念：我不能以大饼施之，当更作小者与之。便作小丸，辄反成大。如是三反，转大于前。乃作念言：我欲作小，皆反成大。我今便可趣与一饼。即以一饼而授与之。诸饼相连，并至饼器，以手捉器，手亦着之。便语宾头卢言："汝若须饼，尽以相与。今与不惜，何须我为，而令我手着？"

答言："我不须饼，亦不须器，亦不须汝。我等四人，共议度汝及弟。三人已度汝弟，我应度汝，所以尔耳。"问言："今欲令我何所施作？"答言："姊妹可戴此饼，随我施佛。"及千二百五十比丘皆悉饱满，犹故不尽。

持往白佛："我此少饼，供佛及僧，皆悉饱满，犹故不尽。今当持此着于何处？"佛言："可着无生草地，若[12]无虫水中。"彼女人便持着无虫水中。水沸作声，如以热铁投于小水。便生恐怖，还至佛所。佛为说法，得法眼净。即受归戒，如弟无异。

诸长老等以是白佛，佛即诃责，告诸比丘："从今不得复现神足！"

注释

①**阿那律等共化跋提长者及姊：**本篇选自《经律异相》卷十三《声闻无学僧第一·僧部第二》，为该卷第十五则，篇题据《经律异相》。

②**阿那律：**梵语 Aniruddha 的音译，意译"如意"等。

释尊十大弟子之一。释尊的从弟。

③**大迦叶：**梵语 Mahā-kāśyapa 的前意后音译，意译“大饮光”。释尊十大弟子之一。释尊涅槃后付法藏给他，佛教传流史上尊为付法藏第一祖。他的另一梵语名字是 Pippalāyāna，音译“毕钵罗延那”。传说他的父母向毕钵罗（梵语 Pippala 的音译，意译“吉祥”，释尊在此树下成道，故一般称为“菩提树”）树神祈祷而得子，并诞生于此树下，故名。

④**宾头卢：**梵语 Piṇḍola 的音译，意译“不动”，释尊弟子，十六罗汉之首。他姓 Bhāradvāja，音译“跋罗堕阇”，意译“利根”，为婆罗门十八姓之一，出身高贵。

⑤**信乐：**佛教术语。听闻佛法后产生信仰，进而有爱佛法，以佛法为乐之心。

⑥**跋提长者：**跋提，梵语 Bhadrika 之音译。长者，梵语 Śreṣṭhin 之意译，音译“室隶瑟姹”。古代南亚次大陆常以之称富豪富商。

⑦**声闻：**梵语 Śrāvaka 的意译，音译“舍罗婆迦”。亲受释尊言教、身教的弟子。上三声闻指阿那律、大迦叶、目连三人，他们在十大弟子之列，属“上首”（排位在前的）弟子。

⑧**三部伎：**中国南北朝时，称具备一整套某类乐器的乐队为一部。此处借用三部伎来译指古代南亚次大陆

富豪家有三个乐队。到唐代玄宗分宫廷乐伎为立部、坐部、法曲三部，那是后来中国人的事。

⑨**三时殿：**佛经中记载，古代南亚次大陆贵族为适应当地气候，筑暖殿避寒，凉殿避暑，中殿在相当于中国春秋季节居住。合称三时殿。如净饭王即为悉达太子建有此种宫殿。阿那律是释迦族贵族，有在此种殿居住的资格。

⑩**摩纳：**梵语 Māṇava 的音译，意译“儒童”。

⑪**法眼净：**梵语 Dharmacakṣu-viśuddha 的意译。佛教术语。意为“具有观见真理等诸佛法而无障碍、疑惑之眼”。证得法眼净，按小乘说（如此处所说），起码能得“初果”。大乘之法眼净，唯菩萨方有之。

⑫**若：**中古用语中用来表示疑问性选择、转折的副词，意为“要不就是”。

译文

阿那律、大迦叶、目连、宾头卢一块儿商量：“现在王舍城有不欢喜信奉佛、法、僧的人，我们应当前往去让他们信奉三宝。”商量完，把远近的地方都寻访一番，只有跋提长者和他姐姐不信奉三宝。前三位声闻说：“我们能感化跋提。”

当时跋提长者家建造有七层门，有三个乐队。若是要吃饭时，七层门都关上，一顿饭有一个乐队演奏。阿那律在跋提用餐时，向他化斋。长者问：“你从哪儿进来的？”阿那律回答说：“从门进来的。”长者就询问看门者。看门人回答：“门好好地关着，没看见有人进来。”长者就拿一片麻饼放到阿那律钵中，阿那律得到食物就走了。

在第二顿饭时，迦叶又来化斋了，也跟上回的情形一样。迦叶得到一片鱼，放入他钵中。长者妻子问长者：“你认为比丘得不到食物，才到你这儿来乞食的吗？”长者回答说：“想来是这样。”他妻子说道：“上次来的比丘，名叫阿那律，是释迦族的子弟。舍了避暑、秋、冬等三个季节的宫殿、五欲之乐，出家修行。后来的比丘是毕波罗延摩纳这个大姓的儿子，舍了九百九十田地房屋和耕牛，出家修行。因为怜悯你、想度你才来化斋的。”长者听了这话，产生了尊敬信服之心。这时目连飞到空中向他说法，向他教导指示“利喜”。他当时就在座位上远离了尘世的污秽，得到法眼净。他明白了佛法，得到了佛果，当时就受了三归五戒。前三位声闻对宾头卢说：“我们现在已经感化了跋提，让他信了佛法。你现在应该行动了，再去感化他的姐姐。”

这时宾头卢清晨拿着钵，走到跋提姐姐的住处。当时长者姐姐正在自己做饼，忽然看见宾头卢来化斋，就对宾头卢说："决不给你！一心看钵，想做什么！"宾头卢就全身冒出烟来。长者姐姐说："全身冒烟，也不给你！"宾头卢就全身起火。她又说："全身着火，也不给你！"宾头卢就飞腾到天空上。她又说："飞上天去，也不给你！"宾头卢就倒着挂在天空中。她又说："倒挂在天上，也不给你！"宾头卢心中这样想：世尊不允许我们强行化斋。他就离开了。

来到王舍城附近，见着一块大石头。宾头卢乘坐在石头上，飞到王舍城。城里的人见了，都非常害怕，怕石头落下来，四处逃命。宾头卢到了跋提长者姐姐头顶上面，就停住不动。长者姐姐看见这种情况，就非常害怕，对他说："希望你饶我的性命。把石头放回去，我就给你吃的。"宾头卢就拿石头送回原处。

宾头卢回到她的面前。长者姐姐这样想：我不能拿大饼给他，我要做个小的给他。就做小饼，做好了反而变成大饼。连续做了三遍，饼越来越大。就这么想：我要做个小的，却反而都成了大的。我现在赶紧给他一个。就拿一个饼送给了宾头卢。可是这些饼都连在一块儿了，一直连到做饼的器皿，她用手去抓器皿，手也粘上了。她就对宾头卢说："你如果要饼，我把它全给你，我不会再吝惜。你不要让我手粘在这儿。"

宾头卢回答说："我不要饼，也不需器皿，也不要你的布施。我和阿那律等四人，一起商量要度脱你和你弟弟。前三个声闻已度了你弟弟，我应该度脱你，所以才用此方法。”她问道：“现在要让我到哪儿去？我应该怎么做呢？”宾头卢回答说：“你可以头顶这些饼，随我去供养佛。”到了佛那儿，供养了饼，佛和在座的一千二百五十比丘都能吃饱满足，饼仍有剩余。

跋提长者姐姐拿它去向佛说：“我这么一点儿饼，供养了佛与僧人，都得到了饱满，还用不完。现在把这些饼放到哪儿呢？”佛说：“可以放到没有生物的草地上或者没有小虫的水里。”那女人就把饼放到没小虫的水中。水沸腾得作响，就像拿热的铁放到不多的水中一样。她就很害怕，回到佛那里。佛给她说法，她得到法眼净，就受了三归五戒，和他弟弟一样。

长老们把度脱他们姐弟的情况如实向佛报告，佛就责备阿那律等四人，并告诫所有比丘：“从今以后，度脱人不许再使什么神通！”

17　目连现二神足力降二龙王

原典

目连现二神足[2]力降二龙王[1]

佛命长者阿那邠坻[3]："当行布施。"即起长跪，叉手白佛："愿佛、众僧明日降神到舍，欲设粗饭。"佛默然受。佛告诸比丘："明早当上天，投[4]日中下，会邠坻舍饭。"佛以明旦与诸比丘如弹指顷即升虚空。

时有罗汉名曰私檀，即正衣服，于虚空中白佛言："我数上天，未曾暗冥如今。"佛言："有两龙王，大嗔吐雾，是故冥暗。"复有罗汉曰受彼，即白佛言："余欲止之。"佛言："龙大有威神。汝往，必当兴恶，吐水没杀人民、蠕动之类。"

目连白佛："我欲往谏。"佛言："大善。"目连即到龙所。龙见目连，即口出烟，须臾出火，围目连一重。目连以道意⑤，亦化出火，围龙三重。复变身入龙目中，左入右出，右入左出。如是次第从耳鼻入出，或飞入其口。龙谓⑥目连在其腹中矣。目连复变身围绕龙十四重，以身敕⑦两龙。龙大恐怖，尾扇海水，动须弥山。

佛遥告目连："此龙尚能吐水，没杀天下。汝且慎之。"

目连白佛："我有四禅神足，常信行之。我能取是须弥山及两龙着掌中，挑掷他方。又能以手撮磨须弥山，令碎如尘，令诸天人无觉知者。"

两龙闻之，即便降伏。目连还复沙门。龙化为人，稽首作礼，悔过："目连！愚迷狂惑，不识尊神，触犯云雾。乞哀原罪。"两龙忏悔，前受五戒。稽首佛足，作礼而去。

注释

①**目连现二神足力降二龙王：**本篇选自《经律异相》卷十四《声闻无学僧第二·僧部第三》，为该卷第十七则，篇题据《经律异相》，原文出《降龙经》（大正十五·页一三一上—下，《龙王兄弟经》）。

②**神足**：佛教名词，指“得如意自在之神通力”，可以做种种变化。下文中的“四禅神足”，指由寂静中善能审虑而如实地了知的神足。

③**阿那邠坻**：梵语 Anāthapiṇḍada 的音译，意译“给孤独（长者）”。本名须达（梵语 Sudatta 的音译，意译“善施”），古代南亚次大陆舍卫城波斯匿王的大臣。乐善好施，故人称之为“给孤独长者”。他建造了有名的祇园精舍供养释尊。

④**投**：中古至近代语中习用以表“临、到”等义。

⑤**道意**：求无上道之心意，即“菩提心”。这里似仅指佛家自本身觉悟化出的神通力。

⑥**谓**：认为，以为。

⑦**敕**：“敕勒”的简略。中古至近代方术家习用语。意为“以动作（包括画符、念咒、动武）制伏鬼神”。

译文

佛对给孤独长者说：“你来做一次布施吧。”长者就长跪合掌恭恭敬敬地向佛说：“希望佛和各位僧人明天光临舍下，我给大家安排些粗茶淡饭。”佛默默不语，就是表示接受了。佛告诉各位比丘说：“明天早上要上天，近中午时从天上下来，一块儿到邠坻的家吃饭。”第二天早上，佛和比丘们在弹指的一瞬间就升上了天空。

当时有一个罗汉名叫私檀的，就整理一下衣服，在空中向佛说："我好几次到天上来，从来没有像现在天光这么昏暗的。"佛说："有两个龙王，他们大大地动了怒，喷出雾来，所以昏暗。"又有一个罗汉名叫受彼的，立刻对佛说："我要阻止他们。"佛说："龙是很有威力神通的。你去，他们的怒气就更大了，他们要吐水淹死人民，还会伤害万物有情。"

目连对佛说："我要去劝诫他们。"佛说："很好。"目连就到了龙那里。龙见了目连，就嘴里喷烟，接着冒出火来，用一层火把目连围住。目连凭神通的力量，也变化出火，用三层火把龙围住。又变化身体钻入龙的眼睛里，由左眼进去，从右眼出来，再由右眼进去，从左眼出来。接着又从耳朵鼻子钻进去钻出来，还飞入龙的嘴里。龙以为目连钻进肚子里了。目连又把身子变长，绕龙十四层，他施展方术，用自己的身子缠住两条龙。龙非常害怕，尾巴扇动海水，震动了须弥山。

佛远远地告诉目连："这个龙还能吐水，淹死天下人，你还要特别注意。"

目连向佛说："我有四种禅神足，经常信奉施行。我能把这座须弥山和两条龙放在我手心里，一把就扔到别的地方去。还能用手搓磨须弥山，让它碎成土末，还让那些天上的人感觉不出来。”

两条龙听见了他的话，就马上降服了。目连又恢复成出家人的样子。龙变化成人，稽首顶礼，忏悔自己的过错：“目连！我们愚蠢无知，狂妄迷惑，对您的神通广大不了解，兴云吐雾触犯了您。请宽恕我们的罪过吧！”两条龙表示忏悔，到佛前受了五戒。对佛稽首行接足礼，礼毕才走。

18　摩诃卢惜义招钝改悔得道

原典

摩诃卢[2]惜义招钝改悔得道[1]

昔有一国，名多摩罗[3]。去城七里有精舍，五百沙门常处其中，读经行道。有一长老比丘，名摩诃卢，为人暗塞[4]。五百道人传共教之，数年之中，不得一偈。众共轻之，不将会同[5]，常守精舍，敕令扫除。

后日，国王请诸道人入宫供养。摩诃卢比丘念言：我生世间，暗塞如此，不知一偈，人所薄贱，用是活为！即持绳，至后园中大树下，欲自绞死。佛以道眼遥见如是，化作树神，半身人现而诃之曰："咄！比丘何为作此！"摩诃卢即具陈辛苦。

化神诃曰：“勿得作是，宜听我言：往昔迦叶佛[⑥]时，卿作三藏沙门，有五百弟子。自以多智，轻慢众人，悋惜经义，初不[⑦]训诲。是以世世所生，诸根暗钝[⑧]。但当自责，何为自贼[⑨]！”于是世尊即现光像，为说妙偈。时摩诃卢稽首佛足，思维偈义，即入定意。寻在佛前得罗汉道。自识宿命无数世事，三藏众经即贯在心。

佛语摩诃卢：“着衣持钵，就王宫食，在五百道人里坐。此诸道人是卿先世五百弟子，还为说法，令得道迹，并使国王明信罪福。”

即便受教，入王宫里，坐于上座。众人心恚，怪其所以，各护[⑩]王意，不敢呼遣。念其愚冥，不晓达倷[⑪]，心为之疲[⑫]。王便下食，手自斟酌。摩诃卢即为达倷，音如雷震，清辞雨下。座上道人惊怖自悔，皆得罗汉。为王说法，莫不解释[⑬]。群臣百官皆得须陀洹道。

注释

①**摩诃卢惜义招钝改悔得道：**本篇选自《经律异相》卷十七《声闻无学僧第五·僧部第六》，为该卷第七则，篇题据《经律异相》，原文出《法句譬喻经》第二卷（大正四·页五八八下—五八九上）。

②**摩诃卢：**梵语 Mahallaka 的音译，意思是“无知，

老病侵寻”。

③**多摩罗：**巴利语 Tamāla 的音译，意译“藿香”。又有人认为是今印度尼西亚雅加达附近的一个古国 Taruma 的音译。

④**暗塞：**头脑不清，糊涂，弱智。

⑤**会同：**正式集会。

⑥**迦叶佛：**梵语 Kāśyapa Buddha 的音译，意译“饮光佛”。是世尊以前的佛，过去七佛中的第六佛，又是现在贤劫千佛中的第三佛。

⑦**初不：**中古习用语，意为“全不”“毫不”“从来不”。

⑧**诸根暗钝：**诸根，六根。诸根暗钝，指六根都不灵通。

⑨**自贼：**自己戕害自己。

⑩**护：**中古的一种习用，义近于现代语“掌握”。

⑪**达倷：**梵语 Dakṣiṇā 的音译，意译“施颂”。施主布施金银财物，称“财施”；受布施（特别是布食）之后为施主说法，称“法施”。二者均可称“达倷”。此处指法施。

⑫**疲：**由于紧张，“心里都觉得累了”。

⑬**解释：**佛教用语。指解说释明佛教经典之含义。佛教传流过程中，各宗派发展出多种解释法。

译文

从前有一国，叫作多摩罗。离城七里有一座精舍，有五百和尚常在里面学习佛经修行。有一个长老比丘，名叫摩诃卢，他是一个反应迟钝的人。五百个道人一个个轮换教导他，好几年时间，他连一句偈语也不懂。大家都看不起他，不带他去参加正式集会，常常留他一个人看守精舍，让他做打扫清洁的活儿。

有一天，国王请这些修行者进宫供养。摩诃卢比丘自己想：我生在人世间，糊涂到这地步，连一个偈语都不会，被别人看不起，还活着干吗！他就拿了绳子，到后园里大树底下，要把自己绞死。佛以智慧的法眼，远远就看见了这情况，就变化成树神，从地下冒出半个身体，责备他说："喂！比丘！为什么要杀害自己！"摩诃卢就把苦衷都告诉了佛。

变化的树神责备他说："不要这么做，你应该听我说：过去迦叶佛时，你是个通晓三藏的和尚，有五百弟子。你自以为比别人智慧多，看不起大众，从来不肯把佛经精义传授给大众。所以你世世生下来，六根都不聪明。你应该反省自己，怎么能自杀呢！"于是世尊就显现出发身光的本相，给他讲解微妙的佛偈。这时摩诃卢向佛行接足礼，思考偈语的含义，马上就进入了禅定。

不一会儿，在佛前得罗汉道。他自己了知了多生的事情，把经、律、论三藏全都通晓了。

佛对摩诃卢说：“你穿好衣服，拿着钵，去王宫接受供养吧。你要坐在五百修行者当中。这些修行者是你前世的五百弟子，你要再对他们说法，让他们得道，并且让国王相信罪福的因果。”

他接受了佛的教导，进入王宫，坐在上座。那五百个修行者心里不高兴，不满他这种举动，大家各各看国王的意思做，不敢撵走他。想他糊涂没头脑，不懂得给国王说法，大家心里紧张得不得了。国王就给大家摆上食品，亲自端饭倒水。摩诃卢就给国王说法，声音洪亮得像雷鸣，言辞清晰流畅像唰唰下雨。座上的修行者大为惊讶，自我忏悔，全都得了罗汉道。摩诃卢给国王说法，把佛法解释得非常清楚。连群臣百官都得了须陀洹道。

19　比丘好眠见应化深坑惧而得道

原典

比丘好眠见应化[2]深坑惧而得道[1]

摩偷罗[3]国有一男子，依优波笈多[4]出家，常好睡眠[5]。有时说法，睡眠不闻教；树下坐禅，亦复睡眠。笈多以神通力于其四边化作大坑，深一千肘[6]，时比丘睡觉，即便惊怖。时优波笈多复化作路，令其得行。此比丘随路而出，往优波笈多所。优波笈多令其更去，比丘答言："彼有深坑。"

优波笈多言："此深坑小，生死深坑大。所谓生老病死，忧悲苦恼，若人不知四谛，则堕其中。"比丘闻之，复往树下，跏趺而坐，心每思维，恐堕深坑，不复睡眠。以怖畏故，思维精进，除诸烦恼，得阿罗汉果。

注释

①**比丘好眠见应化深坑惧而得道**：本篇选自《经律异相》卷十八《声闻无学僧第六·僧部第七》，为该卷第十九则，篇题据《经律异相》，原文出《阿育王经》第九卷（见大正五〇·页一六四上、中）。

②**应化**：佛教名词。本指佛、菩萨为化度众生而变现出与众生同类的形象。下文中变现深坑，乃是“应化”的随机变现。

③**摩偷罗**：梵语 Mathurā 的音译，又译作“秣菟罗”。意译“孔雀”，是当时十六大国之一的苏罗森那（Śūrasena）的首都。故城在印度憍赏弥（Kosambī）西北约四百公里。

④**优波笈多**：梵语 Upagupta 的音译，意译“近护”。古代南亚次大陆中天竺摩偷罗国毱多长者之子。出家后振兴佛教，为阿育王之帝师。佛教以他为付法藏第四祖。

⑤**睡眠**：睡，打瞌睡，打盹儿；眠，闭眼，抬不起眼皮来。下文“睡觉”，即由打盹状态苏醒过来。

⑥**肘**：梵语 Hasta 的意译。古代南亚次大陆长度单位。有舒肘量、拳肘量两种肘量法：张开手指，从肘端

到中指尖的量度称为舒肘量；握拳，从肘端到拳端的量度，称为拳肘量。按一般用的平均值，一肘长约四十六公分左右。

译文

摩偷罗国有一个男人，跟随优波笈多出家，常常好打瞌睡。有时在说法的时候，打起盹儿来听不见教导；在树底下坐禅，也不禁打盹儿。优波笈多拿神通力在他四边变化出大坑，深有一千肘。当时比丘正打盹儿，醒来就十分惊讶害怕。这时优波笈多又变化出一条路，让他能走。他沿着路走出来，到了优波笈多那里。优波笈多叫他再去树下坐禅，比丘回答说："那里有深坑。"

优波笈多说："这个深坑小，生死的深坑大。所说的生老病死，忧悲苦恼，如果人不懂得四种真谛，就掉在坑里了。"比丘听了这番道理，到树下思维，跏趺而坐，念念无常，并害怕掉入深坑，改掉了打盹的习惯。因为害怕，思维佛理十分精进，解除了各种烦恼，得到了阿罗汉果。

20　阿难为旃陀罗母咒力所摄

原典

阿难为旃陀罗母咒力所摄[①]

阿难行路，中道焦渴。有旃陀罗[②]女，名钵吉蹄。汲水，阿难诣从乞水。女报阿难："我是摩邓伽[③]种。"阿难言："我不问是义[④]，但施我水。"女曰："君毋六种成就[⑤]沙门瞿昙第一弟子，波斯匿王所敬，末利夫人[⑥]阿阇梨？我是下贱，不敢持水相与。"阿难又言："我不问是，但水见与。"女许。时女先掬水浇阿难足，复掬水浇阿难手，便生淫意。阿难饮已便去。

钵吉蹄还，白父母言："阿母！愿以沙门阿难为婿。"母言："其转轮王子，刹利释种。圣师贵族，天人宗奉。我小家种，云何得为夫？”女言：“不得者，会当饮毒，以刀自刺，若自绞死！”母曰：“有摩邓伽神语符咒，能移日月以堕着地，亦能咒因帝梵天使下，况不能得沙门阿难使来？若已死，若生不能淫，若瞿昙所护者，我不能得。除此皆可得耳。”女便起，澡沐庄严，身体着白[⑦]，严饰，敷诸卧具，遥相想望。母以牛屎涂地，以五色线结缕，盛满四瓶水，盛满四碗面浆，以四口大刀竖牛屎四角头，四箭燃八明灯。取四死人髑髅，种种香涂其上。以华布地。捉熨斗[⑧]烧香，绕三匝，向东方跪，而诵摩邓伽咒术。

时阿难在祇洹林，意便恍惚，为咒所缚，如鱼、象被钩，随咒术至旃陀罗家。母便语女：“阿难以至。”时女前抱阿难，坐着床上，牵掣衣裳，捻挃[⑨]阿难，譬如力人[⑩]手捉长毛小羊，从其人乎！阿难见十方尽暗冥，譬如日月，为罗咒所厌。阿难有大人力，当十大力士力，而不能得动。阿难以圣道谛力念还得悟：“我今困厄。世尊大慈，宁不愍我？”

佛即知之，便诵佛语，云云。阿难以此实义[⑪]于旃陀罗舍得解。诵偈适竟，旃陀罗家内所设咒具刀箭碎折，瓶瓮迸破坏，灯灭，髑髅迸碎。黑风起，展转不相见。旃陀罗咒术不行。母便告女：“此必瞿昙沙门神力所为。众物碎散，咒术不行。”阿难念言：“世尊恩力也。”阿难从旃陀罗舍得解，还向祇洹。

时此女逐阿难至祇洹门，并作是语："阿难是我夫，阿难是我夫！"逐阿难后，不离须臾。阿难具以白佛。佛曰："我于诸法中不见幻惑[12]如此女人，以淫系意。"阿难平旦着衣持钵入舍卫城分卫，而此女人亦逐其后，语诸长者："阿难是我夫，阿难是我夫！"阿难还至佛所，又前白佛。

佛曰："汝往共语，如姊妹相向。何以故？此女人应当作比丘尼。"

女白佛言："唯愿世尊还我夫婿。"佛曰："若须阿难者，于我法中作比丘尼，当以相与。"女人欢喜。女还奉辞，父母欢喜，本植善根[13]，各应得道。父母及女同往诣佛，世尊广为说法。父母得阿那含[14]道，女得须陀洹[15]道。

注释

①**阿难为旃陀罗母咒力所摄：**本篇选自《经律异相》卷十五《声闻无学僧第三·僧部第四》，为该卷第十一则，篇题据《经律异相》，原文出《戒因缘经》第三卷（大正二十四·页八六三中—八六四）及《摩邓女经》（大正十四·页八九五）、《摩登女解形中六事经》（大正

十四·页八九五下—八九六中)。

②**旃陀罗：**梵语 Caṇḍāla 的音译，意译为“执恶”“险恶人”等。古代南亚次大陆种姓制度中，居于首陀罗种姓最下级的一族人，专门担任狱卒、贩卖、屠宰、渔猎等工作。

③**摩邓伽：**梵语 Mātaṅga 的音译，意译“恶作业”。古代南亚次大陆男性贱民之通称，女性称“摩邓伽女”(Mātaṅgi)。

④**义：**佛经翻译中常作为一种敬称简语。“义”犹云“仗义的人”。

⑤**六种成就：**据说，佛涅槃前答阿难之问，命从三世诸佛之法。第一次结集时，佛所说经均由阿难诵出。经首均有“如是我闻，某时佛在某处与某人俱”的话。“我”指阿难自己。其中,“如是”称“信成就”；“我闻”称“闻成就”；某时称“时成就”；佛称“主成就”；某处称“处成就”；“与某人俱”称“众成就”；合称六种成就。

⑥**末利夫人：**末利，梵语 Mallikā 之音译，意译“胜鬘”。末利夫人为波斯匿王之夫人，信奉佛法。据说她出身婢女。

⑦**白：**佛教认为有四种本色：青、黄、赤、白，称为四显色，意为显然可见之色。其中以白色最为殊胜。

⑧**熨斗：**古代熨斗一端为手执长柄，一端有装炭火

的平底小盒，内置炭火灰，靠它产生的热，用盒底熨衣物。它的形状与佛教常用的手柄香炉接近。此处的女母可能因贫穷，置备不起贵重的手柄香炉，故以熨斗做代用品。

⑨**捻挃**：捻，用手指捏掏；挃，捣，碰撞。

⑩**力人**：力气大的人。中古习用语。如刘劭《人物志·英雄》："若力能过人而勇不能行，可以为力人，未可以为先登。"《晋书·成帝纪》："令诸郡举力人能举千五百斤以上者。"

⑪**实义**：佛教用语，指真实的、本来的意义。

⑫**幻惑**：迷乱人心以行诈骗。

⑬**善根**：梵语 Kuśala-mūla 的意译。佛教名词，指产生诸"善法"的根本，得"善果"的根本。得善根的方法是去掉"三毒"。

⑭**阿那含**：梵语 Anāgāmin 的音译，意译"不还果""三果"。得了此果，就不再回到欲界受生而能超生天界。

⑮**须陀洹**：巴利语 Sotāpanna 的音译，意译"预流果""初果"。得了此果，轮回时不会堕入"恶趣"（变成畜生、恶鬼、地狱等众生）。

译文

阿难走路，走到半路十分干渴。有一个旃陀罗种姓的女郎，名叫钵吉蹄，她正在打水。阿难去向她讨水喝。这个女郎回答阿难说：“我是低贱的摩邓伽种姓的姑娘。”阿难说：“我不问这些，只要给我水喝就行了。”这个女郎说：“您是不是具备六种成就的瞿昙和尚第一大弟子？您是不是波斯匿王和王后末利夫人所敬佩的大导师？我是下贱的人，不敢拿水给您。”阿难又说：“我不在乎这些，就拿水给我喝吧。”女郎答应了。当时女郎先舀水浇阿难的脚，又舀水浇阿难的手，她就生出了淫心。阿难喝完水就走了。

钵吉蹄回家向父母说：“阿母！我希望阿难和尚能做我丈夫。”她母亲说道：“他是转轮王的儿子，刹利释家族的后代。圣人是他老师，他是贵族出身，天人和人们都崇拜侍奉他。咱们是小家种姓，怎么谈得上找他当丈夫？”女郎说：“得不到他，我立刻就喝毒药，再不就拿刀自杀，再不就自己绞死！”她母亲说：“有摩邓伽神语符咒，能让天上的太阳月亮都掉到地上，也能用咒语把因陀罗和梵天从天上叫下来，怎么不能把阿难和尚弄来呢？如果是死人，如果是身有残疾，或者是世尊保佑的弟子，除此以外都能弄来。”女郎就起来，洗浴收拾整齐，把身体搽得很白，装饰得很好，铺好了各种床上用品，进入缥缈的幻想之中。她母亲拿牛屎涂在地上，用五色线结成丝缕，盛满四瓶水，盛满四碗炒面糊，把四把大刀竖在牛屎地的四角，在四方点起八盏明灯。拿四个死人髑髅，把各种香涂在上面。拿花布满在地上。她手持一柄熨斗代替手柄香炉烧香，绕地走了三圈，面向东方跪下，念摩邓伽咒语。

当时阿难在祇洹林里，头脑就恍恍惚惚，被咒语给缠住了，就像鱼被钩住嘴、象被钩住鼻子一样，随着咒语到了旃陀罗家。女郎母亲就对女郎说："阿难已经到了。"这时女郎就向前抱住阿难，让他坐到床上，给他脱衣服，用手在他身上乱摸乱掐，就像力气大的人用手逮长毛小羊，任人玩弄。阿难看十方都是一片昏暗，就像太阳月亮被罗睺的咒语遮蔽了一样。阿难有大力气，相当于十个大力士的力量，现在却不能动弹。阿难靠圣道谛的力量，苏醒明白过来，想："我现在被困住了。世尊大慈大悲，难道不怜悯我吗？"

佛立即知道了，就不断地持念佛咒。阿难靠着佛的加持力量，在旃陀罗房内得到了解脱。他刚念了一遍偈语，旃陀罗家中设置行法术的各种用具就刀碎箭断，瓶瓮都破了，灯灭了，髑髅粉碎。黑风来回乱刮，对面不见人。旃陀罗咒术不灵了。女郎母亲告诉女儿："这一定是瞿昙和尚的神通做的。各种东西都坏了，咒术不灵了。”阿难说道：“这是世尊慈悲的力量。”阿难从旃陀罗家得到了解脱，回到祇洹。

这时这个女郎追随阿难到祇洹门口，并且说：“阿难是我丈夫，阿难是我丈夫！”追在阿难后面，一刻也不离开。阿难把这情况完全告诉了佛。佛说：“在我的经历中，还没见过这种淫心荡漾不能自解的女人。”一清早阿难搭好袈裟，持钵入舍卫城化缘，这女人也追在后面，对那些长者说：“阿难是我丈夫，阿难是我丈夫！”阿难回到佛的住处，又向前对佛说这件事。

佛说：“你去跟她一块儿谈谈，就像跟自己姊妹一样。为什么呢？这个女人应当做比丘尼。”

女郎向佛说：“只希望世尊把丈夫还给我。”佛说道：“你如果一定要阿难，要按照我们的佛法做比丘尼，我就把他给你。”女人十分欢喜。即返家向父母告辞，父母也欢喜接受。他们本来有善根，每个人都应该得道，父母及女郎一起去见佛，世尊为他们大讲佛法。父母得阿那含道，女郎得了须陀洹道。

21　分那先为下贱多知方宜遇佛得道

原典

分那[2]先为下贱多知方宜[3]遇佛得道[1]

有那梨[4]国，近南海边。其中人民采真珠、栴檀，以为常业[5]。国有一家，兄弟二人，父母终亡，欲求分异[6]。家有一奴名分那，年少聪了[7]，善能贾贩，入海治生，无事不知。居家财物为一分，以奴分那持作一分。兄掷筹[8]，弟得分那，将妻子空手出舍。

时世饥俭[9]，难得分那[10]，恐不相活，以为愁忧。奴分那白大家[11]言："愿莫愁忧，分那作计。月日之中，当令胜。"大家即言："若审能尔，放汝为良人[12]。"大家夫人有私珠物，与分那作本。

时海潮来，城内人民至水边取薪。分那持珠物至城外，见一乞儿负薪，中有牛头栴檀香，可治重病，一两直千两金。时世有一，不可常得。分那识之，以金钱二枚买得持归，破作数千段。

时有长者得重病，当得此牛头栴檀二两合药，求不能得。分那持往，即得二千两金。如是卖尽，所得不訾[13]。富兄十倍。大家感念分那，不违言誓，放为良人，随意所乐。

分那辞行学道，到舍卫国，为佛作礼，长跪白佛："所出微贱，心乐道德。唯愿世尊垂慈济度。"佛言："善来[14]！"分那头发即堕，法衣着身，即成沙门。佛为说法，寻得罗汉道。坐自思维：今得六通，存亡自由，皆主人之恩。今当往度，并化国人。

于时，尊者分那往到本国，至主人家。主人欢喜，请坐设食。食讫澡手，飞升虚空。分身散体，体出水火，光明洞照。从上来下，告主人曰："此之[15]神德，皆是主人放舍之福。往到佛所，所学如此。"主人答言："神化微妙。愿见世尊，受其教训。"分那答言："但当至心供设馔具，佛三达智[16]必自来矣。"

即便设供，宿昔[17]已办。向舍卫国稽首长跪，烧香请佛："唯愿世尊广度一切。"佛知其意，即与五百罗汉各以神足往到其舍。国王人民莫不惊肃，来至佛所，五体投地。却坐[18]王位。食毕，澡讫，佛为主人及王官属广陈明法。皆受五戒，为佛弟子。

注释

①**分那先为下贱多知方宜遇佛得道**：本篇选自《经律异相》卷十六《声闻无学僧第四 · 僧部第五》，为该卷第十二则，篇题据《经律异相》，原文出《法句经》卷上（大正四·页五六四上、中）、《法句譬喻经》卷第二（大正四·页五八八中、下）。

②**分那**：可能是 Puṇḍra 的音译。

③**方宜**：风土、出产和对它们怎样掌握、运用。

④**那梨**：不详何国，可能是 Nāḍa 的音译。古代南亚次大陆所说的“南海”，地域广阔，当今东南亚、印度洋的亚非一带广大地区。

⑤**常业**：固定的职业、工作、本业。一般特指农业，此处恐不然。

⑥**分异**：中古习用语，意为“析居”“分家”。

⑦**聪了**：中古习用语，意为“聪明懂事”。

⑧**掷筹**：用投掷得彩定胜负的赌博方式决定。各国各时代方式不一。筹，原指赌博用的筹码，此处指定输赢的赌具。

⑨**饥俭：**灾荒年月。

⑩**难得分那：**这是一句“意动用法”的两个套叠的动宾句式。“得分那”，是一个动宾句式，又是“难”字的宾语。全句意为“把得到分那，认为是困难归于自己了”。这是佛经翻译中常用四字句紧缩的结果，非中古汉语常规。

⑪**大家：**中古习用语，奴婢称主人为大家。如《搜神记》：“彦思奴婢有窃骂大家者。”佛经中用此语尤多。

⑫**放汝为良人：**奴婢是有人身依附关系的一种“贱人”。主人解除奴婢的这种关系，便是“放”（“解放”）他们为“良人”（具有自由民身份的人），简称“放良”。从奴婢的角度看，则是“舍贱从良”。

⑬**不訾：**不可计量。中古用语，多用于称财富。如《史记·货殖列传》：“家亦不訾。”司马贞《索隐》：“谓其多，不可訾量。”

⑭**来：**中古习用“来”于语尾，加强语气。如《归去来兮辞》之“来”字即是这种用法。

⑮**此之：**意近于现代语的“这些的”“这些个的”。注意“之”字在此已有与结构助词“的”相似的作用。早期佛经翻译中出现此种用法。

⑯**三达智：**三达，梵语 Tri-vidya 的意译，又译作“三明”。佛教术语。三达智，即通达了三达的智慧。具体是：

宿命智，明白地了知我及众生的“相状”（形状及其变化表现）的智慧；天眼智，了知生死相状的智慧；漏尽智，了知“四谛”（苦、集、灭、道）之理的智慧。

⑰**宿昔：**旦夕，短时间以内。

⑱**却坐：**静坐。此处指释尊安静地坐在王位上（国王把王位让给释尊坐了）。

译文

有个那梨国，国土靠近南海边。国里的百姓通常以采珍珠、旃檀作为职业。国中有一人家，兄弟二人，父母都死了，他们想分家。家里有一个奴仆，名叫分那，年轻又聪明懂事，很能做买卖，他到海上去做生意，什么事都懂。分家时，他们把家中财物算作一份，奴仆分那算作一份。经过弟兄俩抓阄，弟弟得到的是分那，他就带着妻子空手离开了家。

这时正值荒年，他认为得到分那是把困难归了自己，唯恐谁也活不下去，为这个发愁。分那对主人说道：“希望你们别犯愁，分那来想办法。一个月之中，就会有转机。”主人就说道：“若是真能这样，我放你做良人。”主人的夫人有自己的私房珠子一类东西，交给了分那当本钱。

当时大海涨潮，城里人都到水边捡柴。分那带着珠子到了城外，看见一个乞丐背着柴，里面有牛头旃檀香，这种香能治大病，一两香价值一千两金子。人们一辈子难得碰上一回，非常不容易得到的。分那认得这东西，拿两枚金钱买到手带回家来，把它劈成好几千段。

当时有一个长者得了重病，要找这种牛头旃檀香二两合药，找不到。分那拿着它去，就得了两千两金子。就这样都卖光了，得到的钱不计其数。他主人就比自己哥哥有钱十倍。主人心中感激分那，不违背誓言，免去他的奴婢身份，可随自己欢喜做什么就做什么。

分那向主人告辞去修行，到舍卫国，向佛礼拜，直起身跪着向佛说："我出身低贱，心里喜欢佛的道理。只希望世尊发慈悲救我度我。"佛说："好啊！"分那的头发就掉了下去，法衣就披在身上了，立刻成为和尚。佛给他说法，不一会得了罗汉道。他坐着自己想：现在得了六种神通，生死自由，都是主人的恩惠。现在我要到主人那儿去度他，并且感化全国的人。

分那尊者于是前往本国，到主人家。主人高兴，请他坐下，给他安排吃食。吃完净了手，他飞上天空。他变幻出许多化身，身体里有时喷水有时冒火，一片光明把他身体照得透彻通明。他从天空下来，告诉主人说："这些个神德，都是主人放了我，让我成良人得到的福分。

我去佛那儿，学到这些。”主人回答说：“神通变化微妙。希望见到世尊，领受他的教诲。”分那回答说：“只要你心中至诚，安排供奉食具，佛有三达智，必定会来了。”

主人就来安排供具，在很短的时间就办理妥当。他向舍卫国合掌礼拜，烧香向佛请求说：“希望世尊广度一切众生。”佛知道了他的诚意，就和五百罗汉各显神通，来到他的家。国王和人民也知道这消息，都心情激动，肃然起敬，纷纷来到佛面前，五体投地。世尊安详地坐在王位上。饮食完毕，净了手，佛给主人及国王、国王属下百官透彻地讲解佛法。在座的人皆受了五戒，成为佛弟子。

22 比丘居深山为鬼所娆佛禁非人处住

原典

比丘居深山为鬼所娆[2]佛禁非人[3]处住[1]

憍萨罗[4]国有一比丘，独住深山林中。有非人女语比丘："共作淫欲！"比丘言："莫[5]作是语，我是断淫欲人。"女言："汝若不来，我当破汝利养[6]，与汝衰恼。"比丘言："随汝。"中夜比丘卧，女鬼合纳衣[7]，持比丘着王宫内夫人边卧。王觉，问言："汝何人耶？"比丘言："我是沙门。""是何沙门？"答曰："是释子沙门。"王言："汝今何以来此？"比丘具向王说。王言："汝何因在深山林中？故为恶鬼所娆。出去！我知佛法，故不问汝。"比丘得脱，具说其事。佛因此制[8]"不得入深山中"。

憍萨罗国有一比丘，阿兰若[9]住处。有毗舍遮[10]鬼女来，语比丘言："共作淫欲来！"比丘言："莫作是语，我断淫欲人。"鬼女言："汝若不作，我当破汝利养，令汝衰恼。"比丘言："随汝。"比丘夜卧，鬼以纳衣裹持，着酒舍酒盆中。酒家人明日见比丘在酒盆中，问言："汝是何人？"答言："我是沙门。""是何沙门？"答言："释子沙门。"问言："何故在是中？"比丘具说是事。酒舍人言："汝去。"因此佛言："比丘不得深山、林中空处、可畏处、无人处住。"

注释

①**比丘居深山为鬼所娆佛禁非人处住：**本篇选自《经律异相》卷十九《声闻不测浅深·僧部第八》，为该卷第十六则，篇题据《经律异相》，原文出《十诵律》。

②**娆：**佛教用语"娆害""娆恼""娆败""娆固"之简略，意为对佛法的扰乱破坏。

③**非人：**梵语 Amanuṣya 的意译。佛教名词。佛教将三界众生分为人趣（趣，意为去处）、非人趣、畜生趣三类。非人趣又分为天、修罗、地狱、恶鬼四趣。因而一般也用来泛称鬼神。

④**憍萨罗：**梵语 Kosala 的音译。在今印度瓦尔达

（Wardha）河北岸钱达（Chanda）、康克尔（Kanker）一带地区。

⑤**莫**：本义为“没有哪个不，没有谁不”，是上古汉语习用的无定代词。该处的“莫”，意为“不要，不可以”，却是中古汉语新兴的含义。

⑥**利养**：佛教术语。意为以利（佛教的“利益”，即功德）养身。按佛教教义，主张利益众生，对只利养自己是不赞成的。非人女这样说，只是表示要破坏比丘的日常个人修行生活。

⑦**纳衣**：又作“衲衣”“百衲衣”“粪扫衣”。佛教出家人所穿以零碎布片缝缀而成的法衣。

⑧**制**：佛教用语，释尊制定戒律称为“制律”，简称“制”。

⑨**阿兰若**：梵语 Āraṇya 的音译，意译“山林”“荒野”。指出家人修行居住的僻静场所。此处即取是义。后世中国寺院亦用此称，乃是后起义。

⑩**毗舍遮**：梵语 Piśāca 之音译，意译“癫狂鬼”“吸血鬼”。古代南亚次大陆神话中的一种魔鬼，据说常以人之精气、血肉为食。其腹有沧海样大，咽喉似针管般细，常不满食欲。故佛教特称之为饿鬼。

译文

憍萨罗国有一位比丘，独自住在深山树林中。有一个女鬼对比丘说：“没有不爱淫欲的人！”比丘说：“你不要说这种话，我是个断了淫欲的人。”女郎说：“你若是不答应，我要破坏你的功德，叫你衰落烦恼。”比丘说：“随你。”半夜比丘睡着了，女鬼用百衲衣裹了比丘，放到王宫里王后身边躺着。国王醒了，问道：“你是什么人？”比丘说：“我是和尚。”国王问：“你是哪里的和尚？”比丘答说：“我是释迦的弟子。”国王说：“你是怎么到这儿来的？”比丘把情况都向国王说了。国王说：“你怎么在深山树林里独自修行？在那种地方，所以让恶鬼给扰乱了。你走吧！我信奉佛法，所以不问你罪。”比丘得到脱身，把经过都向佛说了。佛因为这种情况，制定“不许到深山里”的戒律。

憍萨罗国又有一个比丘，在山林修行。有毗舍遮女鬼来到比丘那儿，对比丘说：“咱们一块儿做满足淫欲的事吧！”比丘说：“你不要说这种话，我是个断了淫欲的人。”女鬼说：“你若是不做，我就要破坏你的功德，叫你衰落烦恼。”比丘说：“随你。”比丘夜间躺着，鬼拿百衲衣裹着他，把他弄到酒店酒缸中。第二天卖酒的看见比丘在酒缸中，问道：“你是什么人？”比丘回答说：“我是和尚。”卖酒的问：“你是哪里的和尚？”他回答说：“我是释迦的弟子。”卖酒的问道：“你怎么在这里面？”比丘把情况都说了。酒店的人说：“你走吧！”因为这样，佛说道：“比丘不许在深山、树林中间、危险的地方及没有人往来的地方修行。”

23　比丘坐禅为毒蛇害生天见佛得道

原典

比丘坐禅为毒蛇害生天见佛得道[①]

摩头罗[②]国尼居类[③]园中有一比丘，静处坐禅。后有毒蛇床下蟠卧。比丘睡眠，或低或仰。毒蛇自念：此人见恐[④]，必欲杀我。即举身揶。

比丘命终，生忉利天。诸天王女各来卫侍，天子告曰："汝等诸姝莫近我身。设当近者，必犯于戒。"诸女自念：此天前身必是沙门，故生此间受天之福。时诸天女各执镜前，照天子面。见天衣冠，方觉生天。即从座起，见诸卫从。行至园中，坐一树下，端坐思维，求定三昧。池水之中有异类鸟，相对悲鸣，声哀响和[⑤]，欲求成道，不能得办。

是时天子从三十三天至阎浮提，到世尊所，白言：“受天福尽，下入泰山地狱。如是流转，无有穷已。当见愍济，令得度脱。”佛为说法。即于座上诸尘垢尽，得法眼净。

注释

①**比丘坐禅为毒蛇害生天见佛得道：**本篇选自《经律异相》卷二十《声闻学人·僧部第九》之第四则，篇题据《经律异相》，原文出《比丘坐禅命过生天经》。

②**摩头罗：**页一四四注释中的“摩偷罗”。

③**尼居类：**梵语 Nyagrodha 的音译，意译“无节”“多根”。南亚次大陆的一种类似榕树的桑科植物。

④**见恐：**对我（蛇）恐吓。中古汉语中，从对方发出信息、做出行动等及于自己一方，常用“见”字表示。

⑤**响和：**响，回声。响和，互相间以音声相和，此声未平，彼声又起。

译文

摩头罗国无节树园子里有一位比丘，在安静的地方坐禅。有一条毒蛇盘踞在他坐禅的床底下。比丘打瞌睡，身体前仰后合。毒蛇自己想：这个人吓唬我，一定是要害我。就抬起身子把比丘咬死。

比丘死后，转生到忉利天。天人的女儿都来侍候他。已成为忉利天天子的他告诫她们说："你们这些漂亮女人不要靠近我的身体。如果靠近我，我一定会犯戒。"这些女郎想道：这位天人前身必定是和尚，所以转生到这里享受天上的福。这时这些天女各拿着镜子到他面前，照天子的脸。他看见自己穿戴的是天上的衣冠，这才知道转生在天上了。他就从座位上起来，召见各种侍卫随从。他走到园中，坐在一棵树下，端坐思考，得禅定三昧。在池水那儿有一对雌雄鸟儿，相对着悲鸣，声音悲哀，此起彼伏。它们想要求得成道，可是办不到。

这时这位天子从三十三天下降到人间世界，来到世尊那儿，向世尊说："等到我在天上享福享够的时候，就要落入阴间地狱。像这样轮回，没完没了。你要怜悯我，并济度我，使我得到解脱。"佛为他说法。他就在座位上脱离各种尘垢，得了法眼净。

24 调达先身为野狐

原典

调达先身为野狐[1]

乃往古昔，有一摩纳[2]，在山窟中诵刹利[3]书。有一野狐，往其左右，专听诵书，心有所解。作是念：如我解此书语，足作诸兽中王。便起游行，逢一羸瘦野狐，便欲杀之。彼言：“何故杀我？”答言：“我是兽王。汝不伏我？”彼言：“愿莫见杀，我当随从。”于是二狐便共游行。复逢一狐，问答如上。如是展转，伏一切狐。便以群狐，伏一切象；复以众象，伏一切虎；复以众虎，伏一切狮子。遂便权得做兽中王。

复作是念：我为兽王，不应以兽为妇！便乘白象，使诸群兽围迦夷[4]国数百千匝。王遣使问："何故如是？"野狐答言："我是兽王，应娶汝女。若不与我，当灭汝国！"使还白王，王集臣议。唯除一臣，皆云应与："国之所恃，唯赖象、马。我有象、马，彼有狮子。象、马闻气，惶怖伏地，战必不如。何惜一女而丧一国？"

时一大臣聪睿远略，白王言："臣观古今，未曾闻见人王之女与下贱兽。臣虽弱昧，要[5]杀此狐，群兽散走。"王即问焉。大臣答言："王但遣使克期。战日，从求一愿：愿令狮子先战后吼。彼谓王畏，必令狮子先吼后战。王至战日，当敕城内皆令塞耳。"王用其语，然后出军。军阵欲交，野狐果令狮子先吼。野狐闻之，心破七分，便于象上坠落于地，群兽散走。

佛说偈言："野狐憍慢[6]盛，欲求其眷属。行到迦夷城，自称是兽王。人憍亦如此：现领于徒众，在摩竭之国，法主[7]以自号。"告诸比丘："尔时迦夷王者，我是；聪睿大臣者，舍利弗是；野狐王者，调达是。"

注释

①**调达先身为野狐**：本篇选自《经律异相》卷二十一《声闻现行恶行·僧部第十》，为该卷第六则，篇题据《经律异相》，原文出《野狐求王事》及《弥沙塞律》

第四卷。

②**摩纳**：梵语 Māṇava 的音译，意译“儒童”。指进行修持的婆罗门青年。南北朝时也译作“仙人”。

③**刹利**：通常译作“刹帝利”，梵语 Kṣatriya 的音译，意译“王种”。古代南亚次大陆四种姓中的第二种姓。贵族、士族均属此种姓。释尊出身于此种姓。

④**迦夷**：梵语 Kāśi 的音译，意译“芦苇”。释尊在世时十六大国之一。在今印度瓦拉纳西（Vārānasi）一带。

⑤**要**：中古习用语，副词，义为“一定要，无论如何”。如《古小说钩沉·郭子》：“要为卿破之。”

⑥**憍慢**：梵语 Adhi-māna 的意译（“慢”，有音兼意译成分），指自高自大的傲视心理状态。

⑦**法主**：佛教名词，意为“佛法之主”。原为对佛的敬称，后转为“说法的主持人、说法者”之义。此处为后一义，指调达自居法主，演说邪法，与正法对立。

译文

在遥远的古代，有一位仙人，在山洞里念刹帝利书。有一只野狐，到他身边，专心听他朗诵，心里得到一些悟解。野狐生出了这样的想法：如果我懂了这书上所讲的，我就可以做各种兽中的王。于是它就动身出去四处游逛，遇见一只瘦弱的野狐，就想要杀了它。瘦野狐说："你为什么杀我？"它回答说："我是兽王。难道你不服我？"瘦狐狸又说："希望你别把我杀了，我可以当你的随从。"于是两个狐狸就一块儿闲游。又遇见一只狐狸，野狐与它互相问答，跟上回的情况一样。这样反复地降伏了一切狐狸。就仗着这些狐狸，降伏所有的象；又仗着这些象，降伏所有的虎；又仗着这些虎，降伏所有的狮子。于是野狐就暂时当了兽中王。

野狐又生出了这样的想法：我是兽中之王，不应当娶野兽做妻子！它就骑着白象，驱使各种兽类围住迦夷国好几百千层。国王派使者问它："为什么要这样？"野狐回答说："我是兽中王，应该娶国王的女儿。若是不答应我，我就要灭你们的国家！"使者回去向国王报告，国王召集大臣商量。除了一个大臣之外，都同意野狐的要求："我们国家依靠的，只有象和马。我们有象和马，它们还有狮子。象和马一闻到狮子气味，就吓得趴在地上，打起仗来必然不如它们。何必吝惜一个女儿而丢了一个国？"

当时有一个大臣，聪明睿智，有远大的谋略，他对国王说："臣看从古至今，还没有听说过人间国王的女儿嫁给下贱野兽的。臣虽然力量薄弱头脑愚昧，但一定能够杀这个狐狸，让这群野兽四散奔逃。"国王就问怎么做，大臣回答说："国王只要派使者跟它约定交战日期，打仗那天，向它提个要求：希望让狮子先进攻后吼叫。对方以为国王害怕，必然让狮子先吼叫后进攻。国王到开战那天，就下令城里的人都把耳朵塞上。"国王接受他这个意见，然后就出兵了。军队准备交锋时，野狐果然让狮子先吼叫。野狐听了，心脏被吓裂，分成七瓣，从象背掉到地上，野兽们都四散奔逃了。

佛说偈言："野狐妄自尊大，要得到它的眷属。到了迦夷城，自称是兽王。人自高自大也是这样：现在领着一批徒子徒孙，在摩竭国，自称是法主。"佛告诉那些比丘说："那时的迦夷王，是我的前身；聪明睿智的大臣，是舍利弗的前身；野狐王，是调达的前身。"

25　沙弥于龙女生爱遂生龙中

原典

沙弥于龙女生爱遂生龙中[1]

昔有罗汉，与沙弥[2]于山中行道。沙弥日日至王人家乞饭食，经历堤基上行，崎岖危险，常躄覆地，饭污泥土。沙弥取不污饭着师钵中，污饭洗自食之，如是非一日。师曰：“何因洗弃饭味？”答曰：“行乞去晴，乞还时雨。于堤基躄地覆饭。”师默然思之，知是龙娆沙弥。便起，到堤基上，持杖叩擻之。龙化作老公[3]来出，头面着地。沙门言：“汝何娆我沙弥乎？”答曰：“实爱其容貌耳。从今日始，日日于我室食。”沙门受请，日日往食。

沙弥后时见师钵中有两三粒饭非世间饭，问和上[4]，师默不应。沙弥便入床下，手提床足。和上禅定竟[5]，相随俱飞到龙宫殿上。龙及妇女俱礼沙门，复礼沙弥，师乃觉之。呼出，语言："此非采女[6]，是畜生耳。汝为沙弥，虽未得道，必生忉利天上，胜彼百倍，勿以污意。"

沙弥言："此龙居处，世间少有。"师曰："彼有三苦：一者，虽百味饭，入口即化成虾蟆；二者，采女端正无比，欲为夫妇，两蛇相交；三者，龙背有逆鳞，沙石生其中，痛乃达心胸。此为大苦，汝何因从之？汝未得道，不可令见鬼道[7]及国王内事[8]也。"沙弥不应，昼夜思想，忆彼不食，得病而死。魂神生为龙作子。

注释

①**沙弥于龙女生爱遂生龙中：**本篇选自《经律异相》卷二十二《声闻无学沙弥·僧部第十一》，为该卷第十则，篇题据《经律异相》，原文出《迦叶诘陀难经》及《大智度论》第十七卷（见大正二十五·页一八一下）。

②**沙弥：**梵语 Śrāmaṇera 的简略音译。幼年出家，只受过十戒（沙弥戒）尚未受比丘戒（一般在年满二十岁受此戒）的男子。

③**老公：**中古习用语，意为老头儿。如刘向《说苑·政理》："见一老公而问之。"《三国志·邓艾传》："七十老

公，反欲何求！”

④**和上**：通常写作“和尚”。中亚语 Upādhyāya 的简略音译讹译，意译“亲教师”。本指德高望重的出家人，为受戒者之师表。沙弥出家，必以和上为师父，故亦为沙弥弟子等对师父的尊称。现代俗称比丘为和尚。

⑤**竟**：中古习用语，意为“完毕”“一直到……为止”。

⑥**采女**：后汉初，皇帝后宫妃嫔中一种低级称号，无爵秩。中古以下，常以泛称宫女。

⑦**鬼道**：六道轮回之一。多贪欲者要转生入此道。

⑧**内事**：宫内之事。

译文

从前有一位罗汉，和一位沙弥在山里修行。沙弥每天去贵族人家化斋，要经过堤坝底处，崎岖危险，常摔倒把饭掉在地上，饭就被泥土弄脏了。沙弥把没弄脏的饭放到他师父钵里，脏了的饭用水冲洗一下自己吃了它，这么做已经不止一天。他师父说：“为何把有滋味儿的饭洗了，还扔掉一些？”沙弥回答说：“化斋出去的时候是晴天，化斋回来的时候下雨。在堤坝底下摔跤，把饭掉到地上了。”他师父默默地想这件事情，知道是龙捉弄沙弥。他就到堤坝底端，拿手杖敲打堤坝底基。龙变化成一个老头出来，伏在地上脸贴地面。和尚问：“你为什么捉弄我们沙弥？”龙回答说：“实在是喜欢他的模样。从今天开始，你天天到我那儿吃饭吧。”和尚受请，就天天去龙那儿接受供养。

后来沙弥发现师父钵里有两三粒饭不是人世间的饭，问和尚，师父默不作声。沙弥就钻到和尚床底下，手把着床脚。和尚一出定，他就跟和尚一起飞往龙宫。龙和龙的女眷都向和尚顶礼，又向沙弥顶礼。师父察觉了，把他叫出来，说道：“这些女人不是宫女，是畜类。你作为沙弥，虽然还没有得道，将来也要生在忉利天上，胜过她们百倍，千万别有什么邪念。”

沙弥说：“这是龙住的地方，人世间少有的。”师父说：“他们有三种苦：第一，即使是各种有滋味的饭，一进他们的嘴里就变成蛤蟆；第二，宫女漂亮无比，可是一要做夫妻了，就变成两条蛇那样交配；第三，龙背上有逆鳞，沙子、石头生在里面，疼起来钻心。这是莫大的痛苦，有什么好欢喜的？你还没得道，不能让你看见鬼道以及国王宫内的事。”沙弥不吭声，日夜地向往，想起龙宫吃不下饭，得病死去。他的灵魂再转生，成为龙的儿子。

26 莲花色得道后卧婆罗门窃行不净

原典

莲花色[2]得道后卧婆罗门窃行不净[1]

佛在舍卫城，尔时优善那[3]邑有年少居士，出行游戏，见一女人名莲花色：色如桃李，女相具足。情相敬重，即娉为妇。其后少时，妇便有身，送归其家。月满生女。以妇在产，不复附近[4]，遂乃私窃通于其母。莲花既知，便委去，夫妇道绝。恐累父母，顾愍婴孩，无忍耻愧，还于夫家。养女八岁，然后乃去。

至波罗奈，饥渴疲极，于水边坐。时彼长者出行游观，见之爱重。即问："卿所居父母氏族？今为系谁而独在此？"莲花色言："我某氏女，今无所属。"长者复问：

“若无所属，能作我正室不？”答言：“女人有夫，何为不可。”即便载归，拜为正妇。莲花色料理其家，允和[⑤]小大，夫妇相重。至于八年，尔时长者语其妇言：“我有出息[⑥]在优善那邑，不复索敛，于今八年。考计[⑦]生长[⑧]，乃有亿数。今往索之，与汝暂别。”妇言：“彼邑风俗，女人放逸。君今自往，或失丈夫操。”答言：“吾虽短昧[⑨]，不至此乱。”妇复言：“若必尔宜去，思闻一誓。”答言：“甚善。若发邪心，与念同灭！”于是别去。

到于彼邑，索敛处多，遂经年载。思室转深：“我若邪淫，乃负本誓。更娶别室，不为违信。”于是推访[⑩]，遇见一女：颜容雅妙，视瞻不邪。甚相敬爱，便往求婚。父以长者才明大富，欢喜与之。索敛即毕，将还本国，安处别宅，然后乃归。晨出暮反，异乎平昔。莲花色怪之，密问从人。从人答：“有少妇。”其夫暮还，莲花色问：“君有新室，何故藏隐，不令我见？”答言：“恐卿见恨[⑪]，是故留外。”妇言：“我无嫌妒，神明鉴识。便可呼归，助君料理。”即便将还，乃是其女。母子相见，不复相识。

后因沐头，谛观形相，乃疑是女。便问：“卿邦父母姓族？”女具以答，尔乃知之。母惊惋[⑫]曰：“昔与母共夫，今与女同婿。生死迷乱，乃至于此。不断爱欲出家学道，如此倒惑[⑬]，何由得息？”便委而去，到祇洹门，饥渴疲极，坐一树下。尔时世尊与大众围绕说法，莲花色见众人多，谓是节会，当有饮食，便入精舍见佛。

世尊为众说法，闻法开解，饥渴消除。于是世尊遍观众会："谁应得度？唯莲花色应得道果。"即说苦、集、灭、道。便于坐上远尘离垢，得法眼净。既得果已，一心合掌，向佛而住。佛说法已，众会各还。

时莲花色前礼佛足，长跪合掌，白言："于佛法中愿得出家。"佛即许之，告波阇波提[14]比丘尼："汝今可度此女为道。"即度出家，受具足戒。勤行精进，逮成罗汉，具八解脱[15]。颜容光发，倍胜于昔。

入城乞食，遇一婆罗门，见生染乐[16]。心作是念：此比丘尼今不可得，当寻其住处，方便图之。后复行乞食，彼婆罗门于后逃入，伏其床下。是日诸比丘尼竟夜说法，疲极还房，仰卧熟眠。于是婆罗门从床下出，作不净行[17]。时比丘尼即踊升虚空。时婆罗门便于床上生入地狱。

注释

①**莲花色得道后卧婆罗门窃行不净：**本篇选自《经律异相》卷二十三《声闻无学学尼·僧部第十二》，为该卷第四则，原文出《弥沙塞律》第五卷。

②**莲花色：**梵语 Utpalavarṇā 的意译，音译“优钵罗”。她出家后成为佛亲传弟子中著名的“七相续尼”之一，称为“神足第一”。

③**优善那：**梵语 Uttara 的音译。一般译作北俱卢洲，是四大部洲之一。此处似指该洲中一城。

④**附近：**“附身近体”的简略语，指男女之事。

⑤**允和：**“允当和洽”的简略语。

⑥**出息：**放出的贷款及其产生的利息。

⑦**考计：**检查审计。

⑧**生长：**产生的利息。

⑨**短昧：**“志短意昧”的简略语。

⑩**推访：**推，查找，寻觅；访，调查，询问。

⑪**见恨：**恨，中古习用义“遗憾”“不愉快”。见恨，指从莲花色方面产生（见）不愉快。

⑫**惊惋：**惊恐叹惜。

⑬**倒惑：**颠倒迷惑的简略语。

⑭**波阇波提：**梵语 Prajāpatī 的音译。她是释尊的姨母，抚养释尊长大。后经释尊特别批准为第一个比丘尼。后来主管尼众，所以释尊在这里请她操持莲花色出家为尼的事。

⑮**八解脱：**梵语 Aṣṭau vimokṣāḥ 的意译。佛教术语，意为“依靠八种禅定之力舍却贪欲”。

⑯**染乐：**佛教语，沉溺于爱欲中。

⑰**不净行：**梵语 A-brahma-carya 的意译，又译“非梵行”。指出家人犯淫戒、行淫事。

译文

佛在舍卫城，那时优善那城有个年轻居士，到外面游玩，看到一个名叫莲花色的女人。她面容像桃、李花一般，美貌女子应有的一切她都具备了。两人有了感情，互相敬爱，这居士就娶她做妻。后来过了不久，妻子有了身孕，把她送回娘家。到了满月生了个女孩。因为妻子在产期，没有和丈夫在一起，丈夫就跟岳母私通了。莲花色知道以后，就离开了他，夫妻便不再在一起。可是她怕揭露了这事连累了父母，又为了爱护孩子，没有办法，忍着羞耻，回到了丈夫家。她把女孩养到八岁，就离家出走了。

她到了波罗奈地方，又饥又渴、又累又病，在水边坐着。这时，适巧有一位长者出外游逛，看见她，很喜欢她。就问她：“你住在哪儿？父母是哪个种姓？你现在和谁有联系？为什么独自一个人在这儿？”莲花色说：“我是某某家的女儿，现在我不属于谁。”长者又问：“你若是不属谁，能做我的正房妻子吗？”她回答说：“女人有丈夫，有什么不好呢？”就一同坐车回去，正式娶她为妻。莲花色料理家务，一家老小和睦，夫妻之间互敬互爱。过了八年，这时长者对妻子说：“我外面有未收的账，在优善那城，已经八年没去收了，计算一下已经有上亿的利息了。现在我得去要回来，要和你暂时分别一下。”妻子说：“那个城的风俗，女人很放荡。你现在单身去，也许会被女人诱惑。”她丈夫回答说：“我虽然智短昏昧，还不至于这么乱来。”妻子又说：“你若是一定要去，我想听你发个誓。”她丈夫回答说：“非常好。我若是起邪念，我就跟邪念一块儿消亡。”于是向妻子告别走了。

到了那个城，要去收利息的地方很多，花了一两年时间。他越来越想做男女之间的事：“我如果做邪淫之事，就是违背了原来发的誓。如果再娶个妻子，就不算违背信义。”于是他到处寻找，遇见了一个女人，长得漂亮，又很端庄。他们彼此间互敬互爱，他就去女人家求婚。女人父亲看长者聪明又有钱，很高兴地把女儿嫁给了他。他收完了利息，带着女郎回到本国，把她安顿在别处，就回家去。他每天早上出去，晚上回家，跟过去不一样。莲花色对他感到奇怪，就悄悄地问跟随他的人。随从回答说：“有位新夫人。”她丈夫晚上回来，莲花色问：“你有了新房，干吗隐藏，不让我见见她呢？”丈夫回答说：“我怕你不高兴，所以留在外面。”妻子说：“我不是个嫉妒的人，天神可以做证。你现在就可以把她叫回来，我帮你料理这事。”他就立刻带她回来，而她就是莲花色的女儿。母女相见，因时间相隔太久，以致互相不认识。

后来在洗头的时候，莲花色仔细地看她的样子，就怀疑是自己的女儿。便问：“你是哪儿的人？父母是谁？”女郎把一切都回答了，如此一来，莲花色知道是自己的女儿了。莲花色惊恐叹惜说：“从前我跟母亲合一个丈夫，现在跟女儿同一个夫婿。在生死的轮回流转迷失，竟到这种地步。如果不割断爱欲出家去学道，像这样的颠倒迷惑，何时能停止呢？”她就抛下这一切走了。到了给孤独园门口，又饥又渴、又累又病，坐在一棵树底下。这时世尊正为围绕在那儿的大众说法，莲花色见人很多，以为是节日集会，应当有吃喝的东西，就进了精舍，看见了佛。

世尊为大众说法，她听到佛法，自己有了觉悟，饥渴都消除了。世尊运用慧眼把到会的大众看了一遍，说：“谁应该得到度脱？只有莲花色应当得到道果。”就说苦、集、灭、道四谛，她就在座位上远离了尘垢，得到法眼净。她既然得了道果，专心致志合掌，对着佛稳稳地站立着。佛说法完毕，与会大众各自散了。

这时莲花色向前行佛足礼，长跪合掌，向佛说：“我希望能出家。”佛就答应了她的请求，告诉波阇波提比丘尼：“你现在可以度这个女子当比丘尼。”波阇波提就度她出家，受具足戒。她勤苦修行，进步迅猛，等她将要成罗汉道时，就具有了八解脱的道行。脸上容光焕发，胜过过去好几倍。

她进城乞食，遇见一个婆罗门，这个婆罗门见了她之后，就生出世俗的邪念。心中生出这种念头：“这个比丘尼，我现在是得不到她，我要找到她的住处，找时机做邪事。”后来她再去乞食时，那个婆罗门就在她后面，偷偷躲进她的屋子，趴在床底下。这天，那些比丘尼通宵说法，疲倦得简直累垮了，回到房里，仰着躺在那儿睡得很熟。于是婆罗门从床底下出来，打算从事不干净的事。当时莲花色比丘尼就跳跃起来，升到了天空中。当时婆罗门就从床上转生，堕入了地狱。

27　金轮王王化方法

原典

金轮王[2]王化方法[1]

转轮圣王[3]成就七宝[4]，有四神德[5]：一、金轮宝，二、白象宝，三、绀马宝，四、神珠宝，五、玉女宝，六、居士宝，七、主兵宝。

若转轮王出阎浮提时，诸刹利水浇王顶，以月满时香汤沐浴，升高殿上，会众妓乐天[6]。金轮宝忽现在前，轮有千辐，光色具足。天金所成，非世所有。轮径丈四。

王见兴念：我从宿旧闻，今此轮现，将无是耶？今我宁可试此轮宝。王即召四兵，向金轮宝，偏露右臂，右膝着地，以右手摩扪金轮，语言："汝向东方，如法而转，勿违常则。”轮即东转。王将四兵，随其后行。轮前四神[7]导，轮所住，王即止驾。

东方小国以金钵盛银粟，银钵盛金粟，来诣王所，拜首白言：“善哉天王！今此东方土地丰乐，多诸珍宝，人民炽盛。唯愿大王留此治化。”大王答曰：“汝等但以正法[8]治民，勿使偏枉[9]，无令国内有非法行。自不杀生，教人不杀，不为偷盗、邪淫、两舌、恶口、妄言、绮语、贪取、嫉妒、邪见之人，此即名曰我之所治。”

时诸小王即从大王巡行诸国，至东、南、西、北，随轮所至，其诸国王皆献国土。平旷之处，轮则周行[10]封画[11]量度，东西十二由旬[12]，南北七由旬；天神造城郭，其城七重，七重栏楯，七重行树[13]，周匝交饰七宝所成。乃至无数众鸟相和而鸣。复于城内造诸宫殿，宫墙七重，七宝所成。时金轮宝在宫殿上虚空中住。

王清旦[14]于正殿上坐，自然象宝忽现在前。其毛纯白，七处平住，力能飞行。其首杂色，六牙纤臁[15]。真金间填。王见念言：此象贤良，若善调者，可中御乘。即试调习，诸能悉备。时转轮王欲自试象，即乘其上，清旦出城。周行四海，食时已还。

时王清旦在正殿坐，自然马宝忽现在前。其身绀青色，朱毛尾，头仰如鸟，力能飞行。王见念言：此马宝良，若善调者，可中御乘。即试调习，诸能悉备。王欲试马，即自乘之，清旦出城。周行四海，食时已还。

时王清旦在正殿上，自然神珠忽现在前。质色清彻，无有瑕秽。王见念言："此珠妙好，若有光明，可照宫内。"王欲试珠，即召四兵，以此宝珠置高幢上，于夜冥中赍幢出城。其珠光明照一由旬见，城中人皆起作务[16]，谓为是昼。

玉女宝者，忽然自现，颜色从容，面貌端正，不长不短，不粗不细，不白不黑，不刚不柔。冬则身温，夏则身凉。举身毛孔出栴檀气，口出优钵罗华香。言语柔软，举动安详。先起后坐，不失仪则。时王无着心[17]，不暂念，况复亲近！

居士宝者，忽然自出。宝藏之内，财富无量。居士宿福眼能彻视地中伏藏，有主、无主，皆悉见知。其有主者，能为拥护[18]；其无主者，取给王用。时居士宝往白王言："大王有所给与，不足为忧，我自能办。"时王欲试此居士宝，即敕严船，于水游戏。告居士曰："我须金宝，汝速与我！"居士报曰："大王小待，须[19]我至岸。"王乃逼言："我今须用。"居士宝以右手内着水中，水中宝瓶随手而出，如虫缘树。时王见之，语居士言："止，止！吾无所须，向相试耳。"寻以宝物还投水中。

主兵宝者，忽然出现。智谋雄猛，英略独决。即诣王所白言："大王有所讨伐，不足为忧，我自能办。"时王欲试主兵宝故，即集四兵而告之曰："汝今用兵，未集者集，已集者放；未严者严，已严者解；未去者去，已去者住。"时主兵宝具如王言。

王见踊跃曰："我今真为转轮圣王。一者，长寿不夭，无能及者；二者，身强无患，无能及者；三者，颜貌端正，无能及者；四者，宝藏盈出，无能及者。是为圣王具四功德。"大海彼岸复有钵头摩[20]池、俱物头[21]池、分陀利[22]池，过是地空。其空地中有大海水，名郁禅那[23]。此水下有转轮圣王道，广十二由旬。夹道两边有七重墙，七重栏楯，七重罗网，七重行树，以七宝成阎浮提地。转轮圣王出于世时，水自然去，其道平现。

时转轮圣王又乃命驾，出游后园。寻告御者："汝当善御而行。所以然者，吾欲谛观国土人民，安乐无患。"时国人民路次观者复语侍人："汝且徐行。吾欲谛观圣王威颜。"时王慈育民物，如父爱子；国民慕王，如子仰父，所有珍奇，尽以贡王："愿垂纳受。"时王报曰："且止！诸人，吾自有宝，汝可自用。"

王治此阎浮提时，其地平正，无有荆棘、坑坎、堆阜；亦无蚊、虻、蜂、蝇、蛇、虺、恶虫。石、沙、瓦砾自然沉没，金、银、宝玉现于地上。四时和调，不寒不热。其地柔软，无有尘秽，如油涂地，洁净光泽。地出流泉，清净无竭。树木繁茂，华果炽盛。地生软草，冬夏常青，色如孔翠[24]。自然粳米无有糠糩，众味具足。

时有香树，华果茂盛。其果熟时自然裂出，香气芬熏。复有衣树，华果茂盛。其果熟时皮壳自裂，出种种衣。复有庄严树，其果熟时出种种庄严具。复有鬘树，其果熟时出种种鬘。复有器树，其果熟时出种种器。复有果树，华果茂盛，其果熟时皮壳自裂，出种种果。复有乐器树，其果熟时出众乐器。

转轮圣王治于世，时阿耨达龙王于中夜后起大密云，弥满世界，而降大雨，如犁牛乳。而八味水润泽周普，地无停水，亦无泥淖。润泽沾洽。于中夜后空中清明，净无云曀[25]。海出凉风，清净调柔，触身生乐。圣王以正治国，无有阿枉[26]。修十善行。时诸人民亦修正见[27]，具十善业。其王久时如乐人食，身小不适，而便命终，生梵天上。

时金轮、白象、绀马、明珠皆悉灭没。时玉女宝、居士宝、主兵宝及国土民作伎乐，以香汤洗沐王身，以劫贝[28]缠五百张氎，次如缠之，捧举王身置金棺里，以香油灌之。置铁椁里，复以木椁重衣其外。积众香薪，重衣其上，而阇维之。

于四衢道头起七宝塔。纵广一由旬，杂色参间，以七宝成。玉女宝、居士宝、主兵宝、举国士民皆来供养此塔。施诸穷乏：须食与食，须衣与衣。象马宝乘，给众所须。随意所与。

注释

①**金轮王王化方法：**本篇选自《经律异相》卷二十四《转轮圣王·诸国王部第一》，为该卷第三则，原文出《楼炭经》第一卷（大正一·页二八一——二八二中）及《长阿含经》（大正一·页一一九中——一二一中）。

②**金轮王：**转轮圣王有金、银、铜、铁四种，金轮王是其中最尊贵的一种。

③**转轮圣王：**梵语 Cakra-varti-rājan 的意译。意为能旋转轮宝（古代南亚次大陆战车的象征物）之王。他拥有七宝，具足四神德，能统一须弥山下四洲，以正法治理世界，国土丰饶，人民和乐。

④**七宝：**梵语 Sapta ratnāni 的意译。总称转轮王拥有的七种宝，如本则文中所举。

⑤**四神德：**转轮圣王具备的四种高贵不凡的德行，就是本则中下面所说的“四功德”：长寿、无疾病、容貌出众、宝藏丰富。

⑥**妓乐天：**梵语 Vādya-Deva 的意译。妓（伎）乐，即歌舞。妓乐天，天龙八部中习妓乐之神，男女性都有，大致属于乾闼婆（Gandharva）和紧那罗（Kiṃnara）这

两个神族。中国佛教壁画“飞天”和经变画歌舞场面中，常有他们的形象出现。按：佛教以妓乐作为供养，而禁止用来达到娱乐的目的。

⑦**四神**：四位执金刚神：地神、水神、火神、风神。

⑧**正法**：佛教名词。正法即佛法。

⑨**偏枉**：偏，行偏道，行不正道；枉，枉法。

⑩**周行**：巡行，绕行巡视。

⑪**封画**：区划地域。

⑫**由旬**：梵语 Yojana 的音译。古代南亚次大陆计算里程的单位。有多种不同的计算换算方法。按佛教的说法换算，一由旬当七至八公里左右。

⑬**行树**：次第成行而不错乱的树林。《阿弥陀经通赞疏》:“七重行树者，七重宝树行列国中。”

⑭**清旦**：清晨，天气清明的早晨。

⑮**纤傭**：又长，又纹理细致，又粗壮。

⑯**作务**：干活儿，工作。

⑰**无着心**：着，染着，意为沾染尘世邪欲。无着心，指转轮王对玉女没有淫邪之心。

⑱**拥护**：佛教用语。指信奉佛教者扶持守护佛、菩萨、佛法、僧尼、寺院等行动。

⑲**须**：中古习用的一种意义是“应，应该；必，需要”。

⑳**钵头摩**：梵语 Padma 的音译，意译“赤莲华”。一种睡莲科植物的花。古代南亚次大陆传统地视为水生植物中最高贵的花。佛典中视为七宝之一。钵头摩池，即生长此花之水池。

㉑**俱物头**：梵语 Kumuda 的音译，意译“地喜花”。一种睡莲科植物的花，有白、赤、黄、青等色。

㉒**分陀利**：梵语 Puṇḍarīka 的音译，意译“妙好华”。一种睡莲科植物的花，白色，亦译作“白莲华”。

㉓**郁禅那**：梵语 Ujjena 的音译。其情况略如本则所述。

㉔**孔翠**：像孔雀羽毛那样的翠绿色。

㉕**云曀**：有云有风的阴天，天色阴暗。

㉖**阿枉**：阿，徇私，偏向与自己有来往的一方；枉，枉法。

㉗**正见**：梵语 Samyag-dṛṣṭi 的意译。佛教术语，“邪见”的对立面。佛教所认可的道理，均为正见。是佛教修行的“八正道”之一，又是“十善”之一。

㉘**劫贝**：梵语 Karpāsa 的音译，一译“吉贝”。古代兼指棉花和木棉。《梁书·诸夷传·林邑国》：“吉贝者，树名也。其华成时如鹅毳，抽其绪，纺之以作布，洁白与纻布不殊。”

译文

转轮圣王拥有七宝，具备四种神德。七宝是：一、金轮宝，二、白象宝，三、绀马宝，四、神珠宝，五、玉女宝，六、居士宝，七、主兵宝。

若是转轮王在人世间出世时，刹利种姓的各位贵族长老用灌顶的方式宣告圣王登基，在月圆的时候，圣王用香汤沐浴斋戒，在高高的宫殿上升坐王位，把妓乐天神全都集聚来。金轮宝忽然在他们面前出现，这个金轮有一千根辐条，光彩夺目。它是用天金铸成的，不是人世间能制造的。金轮的直径有一丈四尺。

转轮王看见这金轮之后就想：我从前就听说过有金轮宝，现在这个轮子出现了，是不是它呢？现在我是不是试验一下这个轮宝？转轮王就召集了四个兵种的部队，对着金轮宝，袒露出右臂，右膝着地，用右手抚摸金轮，说："你向东方按你的法则转动，不要违反你的常规。"轮子就朝东方转去。转轮王带领四个兵种的部队，跟在它后面走。轮子前有地神、水神、火神、风神这四位神前导。在轮子停住的地方，转轮王的车驾就停止前进。

东方的小国王用金钵盛银白色的米，银钵盛金黄色的米，来拜见王，磕着头说："圣明的天王啊！现在我们这个东方的土地丰收，人民快乐，有许多各样的珍宝，老百姓安和乐利。请求大王留在这里治理教化国家人民。”转轮王回答说：“你们只要用唯一正当的佛法治理人民，不要让他们走邪道，不要让国里有违反佛法的行为。自己不杀生，也不教人民杀生，不教人民做偷盗、邪淫、搬弄是非、谩骂、说谎、谈论下流的事、贪得无厌、嫉妒、信邪理的人，这就可以说是我在治理你们了。”

这时这些小国国王就跟着转轮王巡行各国，去东、南、西、北各方，凡是轮子转到的地方，那里那些国王都献上国土。在一处平坦开阔的地方，转轮王就让轮子绕行，区划出地域来，进行测量，东西十二由旬，南北七由旬。在这个范围内，让天神建造出包括内外城的城市，这个城内外共七层，有七层带护栏的城墙，有七道环绕城墙的成行的树。绕着城和树，交错地装饰七宝。这就引来了无数的各种鸟，此起彼伏地鸣叫。又在城里建造各种宫殿，宫墙七层，用七宝砌成。这时金轮宝在宫殿上空停住。

转轮王在天气清明的早晨在正殿上坐着的时候，象宝很自然地忽然在他面前出现。它的皮毛纯白，四条腿和两根牙、一条尾巴很平顺地伏在地上，它有神通力能飞行。它的头长着花毛儿，六根牙齿长得又长又壮，表面纹理很细致。牙上有的地方镶着真金。转轮王看见它就想道：这只象很温顺很好，如果好好地驯养调理，可以成为很好的坐骑。就试着调伏它，凡象的功能它都具备。这时转轮王想要亲自试验象，就坐在它上面，在天气清明的早晨出了城。走遍四海，到中午已经回来了。

当时转轮王在天气清明的早晨在正殿上坐着，马宝很自然地忽然在他面前出现。它身上绀青色，朱红色尾巴，头仰着像飞鸟，有神通力能飞行。转轮王看见它就想道：这马是匹宝贵的好马，如果调理好了，可以成为很好的坐骑。就试着调伏它，一般马的功能它都具备。转轮王想要自己试验马，就自己乘上它，在天气清明的早晨出了城。走遍四海，到中午已经回来了。

当时转轮王在天气清明的早晨在正殿上坐着，神珠很自然地忽然在他面前出现。质地颜色清明透亮，没有一点小污点。转轮王看见它就想道：这个珠子很漂亮很好，如果能放光，就可以把宫殿里照亮。转轮王想要试验一下珠子，就召集四个兵种的部队，把这个宝珠放在高高的幢上，在夜间黑暗中举着幢出城。这个宝珠发光，明亮得照出一由旬那么远，城里的人们都起来干活儿，以为是白天了。

玉女宝忽然自己出现，脸色自然，面貌端庄美丽，身长适中，腰围不太粗又不太细，皮肤不太黑也不太白，性情刚柔都恰到好处。冬天全身温暖，夏天全身凉爽。全身毛孔里发出旃檀香气，嘴里出气发出优钵罗花香味。说话声音轻柔，举止安详。在应对时先站起来再坐下，十分娴习礼仪。当时转轮王对玉女没有淫邪之心，既然没有一点坏念头，哪里还谈得上跟她亲昵！

居士宝忽然自己出现。他所掌握的宝贝仓库里，财富无量。居士用福眼能看清埋在地下的宝藏，并且有本主、无本主的都能知道。那些有本主的，他能加以保护；那些没有本主的，拿来供应给转轮王用。这时居士宝去向转轮王说："大王你想开支，不用为这个忧虑，从我这里就能给你办理。"当时转轮王想要试验这居士宝，就下令准备好船，到水上游玩。他对居士宝说："我想要金银财宝，你快给我！"居士回答说："大王稍待，让我上了岸再说。"转轮王就催他说："我现在就要。"居士宝把右手伸进水中，水中宝瓶跟着就出来了，就如同虫儿攀着树一般。这时转轮王见了它，对居士宝说道："停，停！我并不要什么，刚才不过对你试探一下罢了。"居士宝接着就把宝物又扔回水里去了。

主兵宝忽然出现了。他有智慧又有谋略，有独到的英雄才略和决断。他就到转轮王那儿向他说："大王有讨伐的事，不必为这忧虑，从我这儿都能给你办理。"转轮王因为要试主兵宝，就召集四个兵种的部队，告诉主兵宝说："你现在就给我掌握这些部队，还没集合的，叫他集合；已经集合的，叫他解散；没有整装的，叫他整装；已经整装的，叫他解除装备；没离开的，叫他出发；已经离开的，叫他驻扎。"当时主兵宝完全按照转轮王的话办了。

转轮王看见这些，跳跃起来说："我现在真是成为转轮圣王了。第一，我寿禄长不夭折，没有能赶得上我的；第二，我身体强健没有病，没有能赶得上我的；第三，我相貌端正，没有能赶得上我的；第四，我的宝藏不断地冒出来，没有能赶得上我的。这就是我作为圣王具备四种功德的表现。"大海对岸又有钵头摩池、俱物头池、分陀利池，过了这些池子是一片空旷的世界。这个空旷世界中有一片大海，海的名字叫郁禅那。海水底下有转轮圣王大道，宽有十二由旬。夹道两边有七层墙，七层护栏，七层罗网，七层成行的树，用七宝铺成世界地面。转轮圣王在这里出世时，水自然地消失，这条大道平整地出现了。

当时转轮王又下令准备车驾出发，去游后园。接着他告诉驾车人："你要安稳地驾着车走，为什么这样呢？我想要仔细观察国土和人民，看他们是不是生活安乐没有忧虑。"当时这国人民在路边看转轮王的人很多，他们对随驾的人说："你们慢点走，我们想仔细看看圣王的威严的脸。”当时转轮王慈祥地抚育人民万物，像父亲爱儿子；国里的人仰慕他像儿子仰望父亲，把所有的奇珍异宝全部拿来献给他，说：“希望您接受。”这时转轮王回答说：“先停一下！大家听着，我自己有宝物，你们的东西拿回去自己用吧。”

转轮王治理这片人世间社会时，这里的地平坦而整齐，没有荆棘、坑洼、土堆，也没有蚊虫、虻、蜂、蝇、蛇、虺、毒虫。石头、沙子、瓦砾都自然地沉没了，金、银、宝玉出现在地面。四季气候调顺清和，不寒冷也不炎热。土地柔软，没有脏东西，像用油涂地一样，清洁干净发光发亮。地面上涌出泉水来，水质清净，从不干涸。树木枝繁叶茂，盛开着花，果实累累。地面上生长着柔软的草，一年到头常青不凋，颜色像孔雀羽毛那样翠绿。粳米自然地生长，没有糠皮杂穞，吃起来很有滋味。

当时有一种香树，花开得茂盛，果实累累，它的果实熟的时候，就自己裂开迸出来，香气芬芳浓烈。还有一种衣服树，花开得茂盛，果实累累，它的果实熟的时候，外皮的壳儿自己裂开，从里面出来各种衣服。还有一种装饰品树，它的果实熟的时候，从里面出来各种装饰用品。还有一种花环树，它的果实熟的时候，从里面出来各种花环。还有一种器皿树，它的果实熟的时候，从里面出来各种器皿。还有一种果树，花开得茂盛，果实累累，它的果实熟的时候，外皮的壳自己裂开，从里面出来各种果实。还有一种乐器树，它的果实熟的时候，从里面出来许多乐器。

转轮圣王治理这个世界的时候，这时阿耨达龙王在下半夜布起浓云，笼罩了世界，接着就下起大雨。雨水像母牛的奶。这时八味水普遍地滋润着大地，地上没有留下的水，也没有烂泥。雨水润泽，处处饱满。下半夜雨过天晴，空中清明，没有一点阴云。海上飘过来凉风，清爽柔和，吹在身上，使人身心舒畅。圣王以佛法治理国家，没有犯法的事，勤修十种善行。当时那些人民也勤修“正见”，具备了十善的德行。转轮王在世的时间很久，有一次到奏乐人那里去吃饭，他觉得身体稍有点不舒适，很快地就逝世了，转生到梵天上。

这时金轮、白象、绀马、明珠一时完全消失了。这时玉女宝、居士宝、主兵宝及全国人民演奏哀乐，用香汤洗浴转轮王的身体，用棉布和五百张氍子一层一层地缠在转轮王身上，抬起他的身体放到金棺材里，拿香油灌到里面。再把金棺材装入铁椁中，外面再用木椁装上它。堆积起来许多香木柴，一层又一层地盖在棺椁上，进行了火化。

在四通八达的街头盖起七座宝塔来。塔的长宽各一由旬，塔身有各种颜色闪耀着，这是用七宝镶嵌产生的效果。玉女宝、居士宝、主兵宝、全国百姓都来供养这塔。他们向那些贫穷的人施舍：需要食物的给食物，需要衣服的给衣服。象宝和马宝作为坐骑，大家需要乘坐的，可以随意使用。

28　尸毗王割肉施代鸽

原典

尸毗王[2]割肉施代鸽[1]

世中无佛，释提桓因命欲终时，心自念言：何处有一切智[3]人？处处问难不能断疑。愁忧而坐。巧变化师名毗首羯摩天[4]问曰：“天主何以愁忧？”答曰：“我求一切智人，竟不可得。是故愁忧。”毗首羯摩曰：“有大菩萨，布施持戒，禅定智慧，不久当得作佛。”帝释问：“谁？”答曰：“是优尸那种尸毗王。”释提桓因语毗首羯摩：“今当试之。”毗首羯摩变身作一赤眼赤足鸽，释提桓因变身作鹰，急飞逐，鸽直来入王腋底，举身战怖，动眼促声。

是时众多人相与而语曰：“是王慈仁，一切宜保护。

如是鸽小鸟，归之如人入舍。”是时鹰在近树上，语尸毗王：“还与我鸽，此我所受[5]。”王时语鹰：“我前受此，非是汝受。我初发意时，受一切众生，皆欲度之。”鹰言：“王欲度一切众生，我非一切耶？何以独不见愍，而夺我食！”

王答言：“汝须何食？我作誓愿：其有众生来归我者，必救护之。汝须何食，亦当相给。”鹰言：“我须新杀热肉。”

王心念言：如此难得。自非杀生，无由得也。我当云何杀一与一？思维既定，曰：“是我此身肉，恒属老病死；不久当臭烂，须者我当与。”如是思维已，呼人持刀，自割股肉与鹰。鹰语王言：“王虽以热肉与我，当用道理[6]，令肉轻重得与鸽等。”

王言：“持秤来。”以肉对[7]鸽，割王肉尽，与鸽始等。心自责言：“汝当自坚，勿得迷闷[8]。一切众生堕大苦海，誓欲渡之，何以怠闷[9]！此苦甚少，地狱苦多。我有智慧精进，持戒禅定，犹患此苦，何况地狱中人无智慧者！”

心定时，天地六种震动，大海波扬，枯树生华，天降香雨及散名华。天女歌赞：“必得成佛！”帝释语王：“汝割肉辛苦，心不恼没[10]耶？”王言：“我心欢喜，不恼不没。”帝释言：“谁当[11]信汝？”

时王誓曰：“若我割肉血流，不嗔不恼，一心不闷以求佛者，愿令我身即当平复。”即时如本。

注释

①**尸毗王割肉施代鸽：**本篇选自《经律异相》卷二十五《行菩萨道上·诸国王部第二》，为该卷第四则，原文出《大智度论》第四卷（大正二十五·页八十八上—下）。

②**尸毗王：**梵语 Śibi 的音译。据说是南亚次大陆古代圣王。其流传故事以此则为代表。法显《佛国记》记其为“宿呵多国”之王；玄奘《大唐西域记》卷二“乌仗那国”条记此事。地点一致，均在今印度斯瓦脱(Swat)地区。

③**一切智：**梵语 Sarvajña 的意译。佛教术语。指“如实地（按佛教的理解）了知一切世界众生因果和过去、现在、未来三世”。“一切智人”是证得一切智的觉者，只有佛能做到，故又为佛之别称。

④**毗首羯摩天：**梵语 Viśvakarman-Deva 的音加意译，意为“创造一切的神”。他住在三十三天，是帝释天的臣子，掌建筑、雕刻等事。在南亚次大陆古代神话中，他是宇宙的建造者（《梨俱吠陀》中载）、工艺之神（《罗

摩衍那》诸书中载）。

⑤**所受**：受，梵语 Vedanā 的意译。佛教名词。指因接触感觉而产生的种种爱欲活动。此处“所受”含义丰富，有“所喜爱而应享有的”等义。

⑥**道理**：有“事理、规矩”等义。“当用道理”，义为“要按规矩办，要规规矩矩地办”。

⑦**对**：“对等”的“对”，义为“比对着称量”。

⑧**迷闷**：迷，梵语 Bhrānti 的意译。佛教名词。与“悟”相对，意为“不能真实了解佛教教义，执着于错误认识”。闷，气不通畅，心意烦乱。“迷闷”在此处兼指身心两方面的痛苦。

⑨**怠闷**：懈怠迷闷。

⑩**恼没**：恼，梵语 Pradāśa 的意译。佛教名词。意为“（由于佛法学不进去而）心神懊恼烦闷”。没，梵语 Moha 的简略音译，全译“没劫”，佛教名词，意为“愚迷”。

⑪**谁当**：哪个人能，凭什么。中古习用语。

译文

在佛还未应现人世间的时候，帝释天寿命将尽时，心中想道：什么地方有证得一切智的觉者呢？我有许多问题，没有人能解答。他愁闷忧虑地坐在那儿。他的臣子巧变化师毗首羯摩天问道：“天主为什么愁闷忧虑？”他回答说：“我寻找证得一切智的觉者，到现在为止还没有找到。因为这个我愁闷忧虑。”毗首羯摩说：“有一位大菩萨，他常做布施，坚持戒律。他经常坐禅入定，极有智慧，不久就要成佛。”帝释天问道：“是谁呢？”毗首羯摩回答说：“是优尸那种族的尸毗王。”帝释天对毗首羯摩说：“现在可以试探他。”毗首羯摩摇身一变，变作一只红眼睛红脚的鸽子，帝释天变成鹰，紧紧地追着鸽子飞。鸽子径直地飞到尸毗王的腋下藏躲，害怕得全身颤抖，转动眼睛急促地叫着。

这时许多人互相议论说：“这个国王慈悲仁义，一切东西都能保护。像这样的小鸽子，躲进他那儿，就像人进了屋子一样安全。”这时鹰站在尸毗王近处树上，对尸毗王说：“还给我鸽子，这是我应该享有的食物。”尸毗王当时对鹰说：“我在你以前得到了它，不是你应当得到的。我早就有这样的意思：凡是我接纳的一切众生，我都要度脱他们。”鹰说：“国王你想要度脱一切众生，我难道不是众生中的一个吗？为什么单单不可怜我，反倒夺了我的食物！”

尸毗王回答说：“你要什么吃的？我发过誓：凡是有众生来投奔我的，必定救护他。你需要什么食物，我也一定供应你。”鹰说：“我要刚死的还有热气的肉。”

尸毗王心中想：像这样就难得了。自己不杀生，没法儿得到。我不能杀害一条生命再去救助另一条生命！他想了一阵，决定了以后，说：“像我这肉身，早晚要衰老病死，不久就发臭腐烂，谁要的话，我可以把我的肉给他。”这样思维观照，就令人把刀拿来，自己割下大腿的肉给鹰。鹰对尸毗王说：“国王你虽然拿热肉给我，但也要让你的肉跟鸽子重量相同。”

尸毗王说：“拿秤来。”把自己的肉与鸽子同时过秤，一直到把自己的肉割光了，才跟鸽子重量相等。他心中责备自己说：“你要自己心意坚定，不要因疼痛而心生迷闷。一切众生堕入大的苦海，我发过誓要度脱他们，怎么能昏昏愚痴呢！我现在的苦痛算是最小的，地狱里的苦要大得多。我有智慧，努力精进，坚持戒律，坐禅入定，尚且受这种苦，何况地狱里没有智慧还不解悟的人呢！”

当他的心安定下来的时候，从天上到地下产生了六种不同的震动，大海扬起波涛，干枯的树开了花，天上落下有香味的雨，同时散布各种花朵。天女唱歌赞颂道：“你一定能成佛！”帝释天对尸毗王说：“你割自己身上的肉是非常痛苦的，你心里难道不懊恼烦闷迷惑吗？”尸毗王说：“我心中欢喜，不懊恼不迷闷。”帝释天说：“谁能相信你呢？”

这时尸毗王发誓说：“像我这样割着肉流着血，不怨恨不烦恼，只是心中不迷闷专一地求佛法，那样的话，叫我身上的伤立刻痊愈。”当时他的身体立刻恢复到原来的样子。

29　大光明王始发道心

原典

大光明王[2]始发道心[1]

过去远劫，此阎浮提有一大王，名大光明，福德聪明。时边国王与为亲厚，更相赠遗国之所珍。

时彼国王猎得二象，白如玻璃，七支[3]拄地。庄以杂宝，极世之珍，遣人往送。时光明王见象心悦，付象师散阇。散阇奉敕，不久调从[4]。往白王言："象今已调，愿王观试。"王会臣下，令观试象。大众既集，王初升象，出城游戏。象气猛壮，见有群象在莲华池，奔逐牸象[5]，遂至深林。

时王身破出血，自惟必死，手搏树枝，象去王住。

下树坐地，生大苦恼。象师叩头白言："愿王莫忧苦。象淫心息，厌秽草，思美饮食，如是自还。"王即告曰："吾不复用象。"后果还。象师白王："象今还来。"王言："我不须汝，亦不须象！"散阇启王："王若不须，唯愿观我调象之方。"王即可之。

寻使师作七铁丸，烧令极赤，作已念言：象吞此丸，决定当死。白言大王："此白象宝，唯转轮王乃得之耳。今有小过，不应丧失。"王怒隆盛，告言："远去！"象师告象："吞此铁丸！若不吞者，当以铁钩断裂汝脑。"象知其心：我宁吞此热丸而死！屈膝向王，垂泪望救。王怒徐视散阇，告象："何不吞丸！"时象取丸，置口吞之，入腹焦烂，直过[⑥]而死，堕地犹赤。王见乃悔，即告散阇："汝调象乃尔？何故在林不能制之！"

时净居天[⑦]知光明王应发菩提心，即令象师跪答王言："我唯能调身，不能调心。唯有佛能调心耳。"王言："佛者何种姓[⑧]生？"答："二种姓生。一者智慧，二者大悲[⑨]。勤行六事[⑩]，所谓六波罗蜜，功德智慧，悉具足已，号之为佛。"王闻踊跃，即起洗浴，更着新衣，四向作礼，于一切众生起大悲心。烧香立誓：愿我所有功德回向佛道。自调其心，亦当调伏[⑪]一切众生。若于地狱有所益者，当入是狱，终不舍于菩提之心。作是誓已，六种震动。诸山大海虚空之中自然乐声。

佛告诸比丘："尔时白象吞铁丸者，难陀是也；时象师者，舍利弗是也；光明王者，我身是也。我于尔时，见象调从，始发道心。"

注释

①**大光明王始发道心：**本篇选自《经律异相》卷二十六《行菩萨道下·诸国王部第三》，为该卷第八则，原文出《贤愚经》第三卷（大正四·页三七二上—三七三上）。

②**大光明王：**梵语 Mahā-prabhāsa 的意译，音译"摩诃婆罗婆修"。作为本生故事，主要见于本则。又，《大方便佛报恩经》卷五所载，内容与"月光王本生"故事略同。

③**七支：**象的四肢、头、阴、尾，合为七支。

④**调从：**调（训练）象使之顺从。

⑤**牸象：**雌象。

⑥**直过：**从口、胃、肠不停留地通过。

⑦**净居天：**梵语 Śuddhāvāsa 的意译。属于色界十八天中四禅天内的五种天：无烦天、无热天、善见天、善现天、色究竟天。各天均有王主持。

⑧**种姓：**梵语 Gotra 的意译。指佛、菩萨、罗汉等具有的能证得佛教最高觉悟"菩提"的本性、天性。这

种天性有先天具足和后天修行取得的两种，即下文所称“二种姓”。

⑨**大悲**：梵语 Mahākaruṇā 的意译。佛教术语。悲，意为“救拔苦难”。大悲，指诸佛、菩萨不忍十方众生受苦受难，而要救拔他们的伟大悲悯心怀。

⑩**六事**：这里指的是佛教必须实践的六种修行，即布施、持戒、忍辱、精进、禅定、智慧。合称六波罗蜜，梵语 Pāramitā 的音译，意为自生死痴迷之此岸到达觉悟涅槃的彼岸。

⑪**调伏**：佛教术语。指内在地调和、控制住身、口、意，以不犯恶行；对外则实行教化，令三世怨敌、邪魔外道等降服，柔者以法调教，刚者以力降服。

译文

在久远的远古时，人世间有一位大王，名叫大光明，有大福德，非常聪明。当时邻国国王跟他很亲善，他们还互相赠送国家的珍宝。

这时邻国国王打猎，得到两只象，象皮毛白色像玻璃一样光洁，四肢健硕拄地。王用世界上最珍贵的各种宝物把它装饰起来，派人送给光明王。光明王看见象，心中很高兴，交给驯象师散阇。散阇奉王命，不久就把象训练得很顺从。他去对国王说："现在象已经训练好了，希望国王您来看一看，试试它。"国王召集大臣，叫大家看试象。大家都召集来了以后，国王开始坐到象背上，出城去游玩。象脾气凶猛强悍，看见有一群野象在莲花池那儿，就奔过去追雌象，一直追到了森林。

当时国王身上受了伤，流出鲜血，心想非死不可，他用手攀住树枝，象跑了，他留在那里。国王从树上下来，坐在地上，心中很是苦恼生气。象师叩头向国王说："希望国王您不要忧伤烦恼。象的淫心止住了，吃腻了杂草，想好的吃喝时，它就会自己回来了。"国王回答说："我不再骑象了。"后来象果然回来了。象师向国王禀报："象现在回来了。"国王说："我不需要你，也不需要象！"散阇向国王禀告说："国王您如果不需要它的话，只请求您来看我驯服象的方法。"国王就答应了。

不一会儿就让工匠做了七个铁丸，把它烧得很红，这样做了以后，散阇心中想道：象吞了这丸子，绝对得死。他向国王说："这象是白象宝，只有转轮王能得到它。现在有小过失，不应该把它消灭掉。"国王的怒气越发大了，向他说："你离我远点！"象师对象说："吞这个铁丸！如果不吞下它，我要拿铁钩钩断你的头。"象明白他的心意，想：我宁可吞这些热丸死了算了！象跪下对着国王，流下眼泪，希望他救命。国王发脾气看着散阇，对象说："为什么不吞下丸子！"这时象拿了铁丸，放进嘴里吞了它，进到肚子里，就被烧红焦烂。这样，丸子从嘴、胃、肠子一直通过去，象就死了。丸子出来，掉在地上时，还是红色的呢。国王见了就后悔了，就向散阇说："你驯象就这样子吗？为什么在树林里你制止不了它！"

这时净居天知道光明王应当发菩提心，就叫象师跪下回答："我只能调伏象的身体，不能调伏它的心。只有佛能调伏大象的心。"光明王说："你说的佛，他是什么种姓？"象师回答说："他是从两个种姓生出来的。第一个是智慧，第二个是大悲。佛实践六种修行，这就是六波罗蜜。他的功德和智慧都已十全十美了，大家称他叫佛。"国王听了这话，欢喜雀跃，立刻起身洗浴，又换上新的衣服，向四方礼拜，对一切众生生出了大悲心。他烧香发誓说："希望把我所有的功德纳入佛的大道。我要自己调伏自己的心，也要调伏一切众生的心。如果对于地狱有好处的话，我就要进这个地狱，绝对始终不放弃菩提的心。"他发誓完毕，从天上到地下产生六种震动。那些山和大海的上空自然发出音乐声。

佛告诉各位比丘："那时吞铁丸的白象，是难陀的前身；象师是舍利弗的前身；光明王是我的前身。我在那时，看见训练象，才开始产生了道心。"

30　摩诃劫宾宁王伐舍卫遇佛得道

原典

摩诃劫宾宁[2]王伐舍卫遇佛得道[1]

舍卫国王名波斯匿。于时南方有国，名曰金地[3]。其王字劫宾宁，太子名摩诃劫宾宁。父崩，太子即位，体性聪勇，领三万六千小国，威风远震，莫不摧伏。然与中土[4]不相交通。

后有商客往到金地，以四端细氎奉上彼王。王问商客言："此物甚好[5]，为出何处？"启曰："出于中国。"王复问言："其中国者，号字云何？"答曰："名罗阅祇，又名舍卫。"王复问言："中国王以何等故不来献我？"又答曰："自霸土，威名相齐，故不来耳。"王自思维：今当加威，令彼率伏。复问商客："中国诸王，何者最大？"白言："舍卫国王为第一大。"

即便遣使诣舍卫国，持书示教[6]，其理委备[7]，告语其王波斯匿言："我之威风遍阎浮提，卿何所恃，断绝使命！今故遣使共卿相闻[8]，却后七日，与我相见。设不如是，吾当兴兵破汝国界。"

波斯匿闻，深用惊惶，即往诣佛，具白斯事。佛告王言："还语使云：'我不大，更有大王。王奉佛教。'告彼使言：'世有圣王，近在此间。卿可到边，传汝王命，使即诣祇洹。'"

于时世尊自变其身作转轮王，七宝、侍从皆悉备有。使前，入化城[9]，既睹大王，情甚惊悚，以书与之。化王得书，蹹着脚下，告彼使言："吾为大王，临领四域[10]。汝王顽迷，敢见违拒！汝速还国，致宣吾教：信致之日，驰奔来觐。卧闻当起，坐闻应立。克期七日，不得稽迟。敢违斯制，罪在不请[11]！"

使还本国，具以闻见白金地王。王承斯问，深自咎责，合率所领诸小王辈，欲朝大王。未便[12]即路，先遣一使，白大王言："臣所总御三万六千王，为当都去，将[13]半去耶？"大王还报："听半留住，但将半来！"

时金地王将万八千小王同时来到。既见化王，谒拜毕已，心作是念：大王形貌虽复胜我，力必不如。化王于时敕典兵臣："以弓与之！"金地国王手不能胜。化王还取，以指张弓，复持与之，敕令再挽。金地国王殊不能挽。化王复取而弹扣之，三千世界皆为震动。次复取箭，弯弓而射。离手之后，化为五发。其诸箭头皆出光明。其光明头皆有莲华，大如车轮，一一华上各各皆有一转轮王，七宝具足，奋出[14]光明，普照三千大千世界。五道众生莫不蒙赖。诸天境界见其光明及闻说法，身心清净，有发无上正真道意[15]，复有得住不退地[16]者。人道众生有得一道、二道、三道[17]之者。出家入要[18]得应真者。有发无上正真道意，得不退地，不可称计。三涂众生，离苦解脱，生人天中。

时摩诃劫宾宁王及金地诸小王见斯神变，其心信伏。远尘离垢，得法眼净。万八千小王一时皆然。须臾之顷，佛摄[19]神力，还复本形。诸比丘僧前后围绕。金地王众求索出家，须发自堕，袈裟在体。思维妙法，尽得罗汉。

注释

①摩诃劫宾宁王伐舍卫遇佛得道：本篇选自《经律异相》卷二十七《行声闻道上·诸国王部第四》，为该卷第三则，原文出《贤愚经》第七卷（大正四·页三九八上—

三九九上）。

②**劫宾宁**：梵语Kapphina的音译。又译作“金毗罗”。劫宾宁之子特称“大劫宾宁”“摩诃劫宾宁”“摩诃金毗罗”，即此则文中主人公。

③**金地**：梵语 Suvarṇa-bhūmi 的意译。有人考证说，这个古国故地在今缅甸仰光以南，直至马来半岛西海岸一带。又有人考证说，在今印度恒河支流桑河(Son)地区。

④**中土**：又作“中国”。古代南亚次大陆自视为世界中心，自称“中土”“中国”，称他国为“边国”。佛教产生前之旧“中土”，指今印度恒河中游地区。佛教经典所称，则每以舍卫城为中心。

⑤**好**：中古习用语中的“好”，有“美丽、漂亮”之义。

⑥**示教**：示以“教”。上对下的公文书为“教”。

⑦**委备**：详尽完备。中古至近代语中习用，此处为早期用例。

⑧**相闻**：“相”字在中古汉语中有“自一方向另一方传送”的用法，不是“互相”那样的双方。“相闻”即使对方闻知。

⑨**化城**：梵语 Ṛddhi-nagara 的意译。指佛力变化产生的，并非实际存在的城邑。

⑩**四域**：四方之内，指全世界。

⑪**不请**：在外的将帅、藩国不请示便擅自决定大

事。这里是把对方当成自己的附属国的口语。

⑫**未便：**未，还没有；便，就、马上。

⑬**为当……将……：**中古习用关联性词语。义为“可还是……还是……”。

⑭**奋出：**主动地、踊跃地迸出。

⑮**无上正真道意：**梵语Anuttarā Samyaksaṃbodhiḥ，意译“无上正真道”，音译“阿耨多罗三藐三菩提”。佛教术语。意为“佛所觉悟达到的至高无上无所不包的智慧境界”。菩萨修行，最终要成就此种觉悟。当菩萨修行发此种无上正真道心时，称“无上正真道意”。

⑯**住不退地：**菩萨修行道“十地”（十级修道位）中“初地”。又名“初欢喜地”。菩萨到此地位，坚住不退，念念出世。

⑰**一道、二道、三道：**指六道轮回中的前三种“善道”，即天道、人道、阿修罗道。

⑱**入要：**得到了佛法的精髓，深入了解了其要点。

⑲**摄：**收摄（指法力）。

译文

舍卫国国王名叫波斯匿。当时南方有一个国，叫作金地。这个国的国王名叫劫宾宁，太子名叫摩诃劫宾宁。劫宾宁驾崩，摩诃劫宾宁即位。他为人聪慧勇敢，统领着三万六千小国。他威名远震，没有哪个国不伏地称臣的。但是和中天竺的上国没有交往。

后来有一个中天竺的商人到金地来，拿四端细氎献给金地国王。金地国王问商人说："这东西非常漂亮，是哪儿生产的？"商人禀告说："这是中天竺上国的东西。"国王又问道："这个中天竺的国家，国号叫什么呢？"商人回答说："名叫罗阅祇，又叫舍卫。"国王又问："中天竺国王为什么不到这儿来给我进贡？"商人又回答说："中天竺人国家强盛，声望威名跟您这里是不相上下。"国王暗自想：现在我要对这些国家施加威力，要他们都来降服。他又问商人："中天竺的那些国王，哪个国王最大？"商人说："舍卫国国王最大，属第一。"

摩诃劫宾宁就派使者到舍卫国去，把上对下的文书交给对方，其中所讲的道理详尽完备，告诉那位波斯匿王说："我的势力遍布世界，你依仗什么不派使节来进贡！现在派使者让你知道，七天内你必须跟我见面。如果不答应，我就要发兵攻破你的国界。"

波斯匿得知这个消息，非常惊讶惶恐，就去见佛，把这一切都向佛说了。佛告诉波斯匿王说："你回去对使者说：'我不是最大的国王，还有更大的国王。那个国王信奉佛教。'你告诉那个使者：'世界上有位圣王，离这儿很近。你可以到边境上，传达命令给你们国王，叫他马上到祇洹来。'"

这时世尊将自己的身体变化成转轮王，七宝、侍从完全都齐备。金地大使前去，进了佛变化出来的城市，他看见佛变成的转轮大王以后，心里非常惊恐惶悚，把文书交给佛变的转轮王。佛变化的转轮王拿了文书，踹到脚底下，向那个使者说："我当大王，统领全世界。你们国王顽固迷闷，竟敢对我违抗！你快回国，向他宣布我的诏谕，诏谕到的那天，叫他赶紧驾着快马车来朝见我。他若躺着，一听到诏谕要赶紧起来；正坐着，一听到诏谕要赶紧起立。限定七天，不得拖延。他若敢违背我的诏书上的规定，罪过就跟俘虏的命运一样！"

使者回到本国，把所见的情况完全报告给金地国国王。国王接受了文书以后，深深地自我责备。他要率领他所管辖的各小国国王去朝见大国王。还没上路，先派一个使者向大国王报告："臣下统领的三万六千个小国王，是全都来，还是去一半呢？"大国王回答说："随你留一半，把一半人带来！"

这时金地国国王率领一万八千小王一块儿来到。见了佛变化的转轮王以后，谒见完毕，金地国国王心里这样想：大王外貌即使比我强，力量必然赶不上我。佛变化的转轮王命令主管军队武器的大臣："把弓给他！"金地国国王用手拉不开这弓。佛变化的转轮王又把弓拿回去，用指头就把弓拉开，再拿给金地国国王，叫他再拉。金地国国王一点儿也拉不动。佛变化的转轮王又拿了弓拨了拨，三千世界都被震动了。然后又拿了箭，拉弓把箭射出去。一支箭离开手之后，变成五支。这些箭的每个箭头都发出光亮。这些放光的箭头上都有莲花，大得像车轮，每朵花上都有一位转轮王，七宝都完全齐备，他们都向外迸出光亮，普照着三千大千世界。在轮回六道中，下五道众生没有不受到庇荫的；最高一道的诸天境界的天人看见那光明，并且听到箭上的转轮王说法，身心都清爽洁净，进入了佛所觉悟到的至高无上无所不包的智慧境界，还有达到菩萨修行阶位"十地"中"住不退地"的。六道轮回中的人道众生有提升到天道、人道、阿修罗道的。在出家人中有得到了佛法的精髓的。凡是进入了佛所觉悟达到的至高无上无所不包的智慧境界的，达到菩萨修行阶位"十地"中"住不退地"的人，多得无法计算。地狱、饿鬼、畜生三种恶道中的芸芸众生，都脱离了苦海，得到了解脱，升入人界或天界。

这时，摩诃劫宾宁王和金地那些小王看见这样的神通变化，他们心里崇信归服了。远离了尘世污垢，得到法眼净（具有观见真理等诸法而无障碍、疑惑之眼）。一万八千小国王同时也都是这样。不久，佛收了神通力，恢复本来的样子。那些比丘僧前前后后围绕着佛。金地国国王和他的部下要求出家，当时他们的胡须、头发自然地脱落，袈裟披到了身上。他们思考，懂得了微妙的佛法，全都得到阿罗汉果。

31　多智王佯狂免祸

原典

多智王佯狂免祸[1]

外国有恶雨，若堕江湖河井陂池，人食之者，狂醉七日。

有国王多智，善相恶雨，见云以知，使盖一井，令雨不入。时百官群臣食恶雨水，举朝皆狂，脱衣赤裸，泥土涂头，坐王殿上。唯王一人独不狂耳。一切群臣不自知狂，反谓王狂："何故着衣，独异众人！"皆相谓曰："此非小事！"思共置之[2]。王恐诸臣欲反，便自怖惧，语诸臣言："我有良药，能自愈病。诸人小停，待我服药。"

王便入内脱衣，同其而出。一切群臣见皆大喜。七日之后，群臣醒悟，大自惭愧。各着衣冠，而来朝会。王故如前，赤裸而坐。诸臣惊怪而问言："王常多智，何故若是？"王答臣言："我心常定，无变易也。以汝狂故，反谓我狂，非实心[③]也！"

注释

①**多智王佯狂免祸：**本篇选自《经律异相》卷二十八《行声闻道中·诸国王部第五》，为该卷第十三则，原文出《杂譬喻经》（大正四·页五二六中、下）。

②**置之：**置，在古代汉语中有关人事（政法，包括军政军法）方面使用时，义近现代汉语"搁在一边"（含有"不再过问""不再搭理、理论"等内涵），故有"废弃"义，又有"赦免"义。此处"置之"，义为"把他搁一边去"，即"废掉王"之意。

③**实心：**能反映出真实的心。佛教认为，"实"与"权"相对。权，指为一时的需要而做的方便行为，如本则中王的脱衣；实，则指真实不虚的本来情况，如本则中群臣先"狂"后"不狂"，而王则从来没有"狂"过，总是清醒地面对现实。

译文

外国有一种含有毒性的雨，如果落在江、湖、河、井以及水洼池塘里，人们喝了它，就神经错乱、如痴如醉七天。

有一位国王很聪明，他善于观察这种雨，看见云就知道是这种雨，叫人把一口井给盖上，让雨水进不去。但那时大臣们喝了这种雨水，整个王宫里的人都发了狂。他们脱了衣服，赤身裸体，拿泥土涂满头脸，就这样大模大样坐在殿上。只有国王一个人没有发狂。所有的大臣不知道自己已发狂了，反倒说国王发狂："你为什么穿衣服，唯有你跟大家不一样！"他们都互相指责说："这犯了大罪！"他们考虑着废掉这位国王。国王唯恐这些大臣要造反，自己很害怕，对这些大臣说："我有好药，能自己治好病。你们稍等一下，等我去吃药。"

国王就进内宫脱衣服，打扮得跟大家一样出来了。所有的大臣见了都非常高兴。七天之后，大臣们醒过来明白了，内心十分惭愧。每个人都穿戴好衣冠，才来朝见国王。国王还跟原来一样，赤裸着身体坐在那儿。这些大臣感到吃惊奇怪，就问道："国王您平时非常聪明，为什么现在会这样？"国王回答大臣们说："我的心里常常是稳定的，没有什么变化。因为你们发了狂，反倒认为我发狂，这不能反映出真实的心。"

32　不眠王杀睡左右

原典

不眠王杀睡左右[1]

昔有国王，昼夜不寐。其边直[2]者，若睡便杀。前后杀四百九十九人。

有一长者子当应入直，其家啼哭送之。有一年少问："何故啼哭？"以实答之。"卿能雇我，我能代卿。"长者大喜，与金千两，便代入直。

王曰："汝何以入？"曰："我代长者子直。"王曰："汝慎勿眠，我当杀汝。"时年少睡，王欲杀之，问："何以睡？"曰："不睡，我思事耳。"王曰："何所思？"曰："作一升器，受二升物：盛一升沙，复受一升水。"王试实尔。复睡，翻地。王复欲杀，曰："思事耳。"曰："何所思？"曰："作一丈坑，还持土填，不满八尺。"王复使人作之，审尔。

复睡，伏地。王复欲杀，问："汝何以复睡？"曰："我思事耳。王赦我罪，我当说之。"王言："便说！"年少言："王正似鬼！"语竟便去。王思："此人何以呼我作鬼？"便启问母。母言："汝实是鬼也。我怀汝时，夜梦见鬼与我共会③，便有汝耳。"王便遂寤，改不杀人，悔过为善。遂便学道。

尔时王者，我身是也；四百九十九人者，今五百上首弟子是；年少觉寤我者，文殊师利是。

注释

①**不眠王杀睡左右：**本篇选自《经律异相》卷二十九《行声闻道下·诸国王部第六》，为该卷第十四则。

②**边直：**边，侍奉在旁边，近侍；直，通"值"，值班。在古代特指军政人员上班，特别是做警卫工作的。边直，值班的近侍。

③**共会：**在此处是"性交、交会"之意。

译文

从前有一位国王，白天黑夜都不睡觉。他身边的侍从如果打盹儿，就会被国王杀掉。前前后后已经杀掉四百九十九个人。

有一位长者的儿子该去国王那儿当差，他家中的人哭着送他。有一个年轻人问他们："你们为什么哭？"他们把实情告诉他。"你能雇我，我可以替你去。"年轻人说。长者非常高兴，给了他一千两黄金，他就代替长者儿子进宫当差。

国王问："你怎么进来的？"他回答说："我是替长者儿子来当差的。"国王说："你要小心，可别闭眼，打瞌睡我可要杀你。"一会儿，年轻人就打瞌睡了，国王要杀他，问道："你为什么打瞌睡？"他回答说："我不是打瞌睡，我在想事情。"国王说："你想什么事？"他说："造出一个度量能装一公升的器皿，可是它能装进去两公升东西：装一公升沙子，还能再装进一公升水。"国王一试验，确实这样。一会儿，他又打瞌睡了，身体摔到地上。国王又要杀他，他说："我想事情呢！"国王说："你想什么事？"他说："挖一个一丈深的坑，再重新把土填上，土不满八尺。"国王又派人去这么试验一下，确实是这样。

他又打起瞌睡，身体趴到了地上。国王又要杀他，问他：“你怎么又打瞌睡？”他说：“我想事情呢！国王您若赦我无罪，我就说出来。”国王说：“立刻说！”年轻人说道：“国王您简直是个鬼！”他说完就跑了。国王想：“这个人为什么叫我为鬼呢？”他就去向母后禀告，问原因。太后说：“你确实是鬼。我怀你的时候，夜间梦见鬼跟我交会，就生了你。”国王从此改过向善，不再杀人了。他忏悔过错，去做好事。他就开始学习佛讲的道理。

佛说：“那时的国王是我的前身；四百九十九人是现在五百上首弟子的前身；使我觉醒的年轻人是文殊师利的前身。”

33　王后生肉弃水遂生二儿为毗舍离人种

原典

王后生肉弃水遂生二儿为毗舍离人种[1]

往昔波罗奈国，王夫人怀妊。此夫人自知怀妊，而白王言。王即供给养视，皆使调适。月满生肉一段，赤如种花。“诸余[2]夫人生儿端正，我生段肉无有手足”，心生羞耻。“若王见者，必生恶贱！”盛贮器中，打金作薄[3]，以朱沙题上：是波罗奈国王夫人所生。盖覆器头，以王印印之，以金薄书置器外，送放江中。使人弃已，诸鬼神营护，使无风浪。

时一道士依牧牛人，住于江边。清朝澡洗，遥见此器，拾取，见金薄书字，复见有王印印之。便开器看，唯见肉段，而作是念：若是死肉，久应烂臭。必有异相！将还住所，善举一处。过半月已，而成二片。自尔之后，复经半月，二片各生五胞。却后半月，一片成男，一片成女。男色如黄金，女色如白银。道士见之，心生爱重，如自有子。两手拇指自然出乳，一指饮男，一指饮女。乳入子腹，譬如清水。摩尼之珠，内外明彻。道士号儿名为“离车子”。

道士养此二子，极为辛苦。旦入聚落乞食，兼为二子，日晏方还。是时牧牛人见道士为此二子辛苦如是，谓言：“大德[④]出家人，正应行道，何为二子妨废道业！可持乞[⑤]我，我等为养活。”道士言：“善哉！”

是牧牛人各还到家，明日与诸同伴平治道路，竖立幢幡，散杂色华，鸣鼓来迎二子。到道士处，白道士言：“今此二子，时可去矣。”道士付嘱：“此二子者，有大福德，不可度量。汝等善好料理，当以乳酪、生熟酥五种而供养之。若此二子长大，还自共匹对。觅好平博处所，安立住止。可拜男为王，女为夫人。”牧牛人等受教而去。

二子年至十六，以平博处纵广一百由旬，中央起宅。以女嫁男，立为夫妇。后一产二儿，一男一女。如是十六过[⑥]生。诸牧牛人见王子渐多，更开舍宅，造诸园地，合三十二人宅舍。如是遂乃三过开广，故名为毗舍离。

注释

①**王后生肉弃水遂生二儿为毗舍离人种**：本篇选自《经律异相》卷三十《诸国王夫人部》，为该卷第二则，原文出《善见律毗婆沙》第十卷（大正二十四·页七四三中、下）。

②**诸余**：中古习用语，意为“其他、别的”。

③**薄**：现代写作“箔”，如纸样的金属薄片。

④**大德**：梵语 Bhadanta 的意译，音译“婆坛陀”。古代南亚次大陆用为对佛、菩萨、高僧之敬称。中国专用以称高僧。隋唐时代称某些僧官为大德，亦称译经高僧为大德。近代应用更为广泛，成为对佛教界出家二众、在家二众的礼敬称谓。本则文中指高僧。

⑤**乞**：中古习用语，意为“给”。如，《宋书·萧惠开传》：“厩中凡有马六十匹，悉以乞希微偿责。”《齐民要术·蔓菁》：“细锉和茎饲牛羊，全掷乞猪，并得充肥。”

⑥**过**：中古习用动量词，意为“遍、次”。如：齐祖冲之《述异记》：“鬼以乌钱掷之，前后六七过。”梁陶弘景《周氏冥通记》：“尔已经三过上仙籍。”

译文

从前，波罗奈国的王后怀孕了。这位王后自己知道怀孕了，就告诉了国王。国王就把孕妇所需要的营养品、看护人员都准备好了，这段时间王后身体保养得很好。到了生产的月份，王后生出一团肉球，颜色红得像红莲花那样红。王后想：别的夫人生的儿子都长得漂亮，我生出一团肉球，没有手和脚。王后心里感到羞耻。又想：如果国王见了，必然对我厌恶，看不起我！她把这肉球装进一个器皿里，用金子做成金箔，拿朱砂在金箔上题了这样几个字：这个是波罗奈国国王夫人所生。盖上箱子，打上国王的印，把写了字的金箔贴在器皿外边，送出去放到江上。扔了这个器皿以后，鬼神们都来保护，让江上不起风浪。

当时有一位修道的人跟牧牛人一起生活，住在江边。他清早在江水中洗澡，远远地看见这个器皿，捡了它，看金箔上写的字，又看见器皿上打着国王的印记。他就打开了器皿看，只看见一个肉球，他就这样想道：如果是死肉，时间长了会腐烂变臭，可是它现在还好好的，一定有特殊的情况。他端着它回住所，把它妥善地放在一个地方。过了半月以后，肉球变成两片。从这以后，又经过半个月，两片上面各生出五个肉芽球来。再过半个月后，一片成为男孩，一片成为女孩。男孩皮肤呈黄金色，女孩皮肤呈白银色。修道的人见了他们，心中产生出慈爱的感情，就像自己有了小孩一样。修道的人两只手的拇指自然地流出乳汁，用一个指头给男孩喝，一个指头给女孩喝。乳汁流进了小孩的肚子里，仿佛清澈的水一般。喝了奶，小孩的五脏六腑，就像摩尼珠一样，内外透明。修道的人给男孩起名叫“离车子”。

修道人抚养着这两个小孩，非常辛勤劳苦。他每天早上去村镇里乞食，还得给两个小孩化斋，到太阳下山了才回来。这时牧牛人看这修道人为这两个小孩这么辛勤劳苦，就对他说道：“高僧您是出家人，只应该修行，干吗为两个小孩妨碍您修行呢！可以把他俩给我们，我们替你养活。”修道的人说：“好极了！”

这些牧牛人各自回家。第二天和同伴们平整道路，竖起幢幡，往地上撒了各种颜色的花，打着鼓来接两个小孩。到了修道人那里，对修道人说：“现在这两个孩子可以跟我们走了。”修道的人嘱托他们说：“这两个小孩，有大福大德，不可度量。你们要好好地安置他们，应当拿乳酪、生熟酥五种来供养他们。如果这两个小孩长大了，他们自己可以配偶。那时找好的平整开阔的地方，给他们盖房居住。可以把男孩立为国王，女孩立为王后。”牧牛的人们接受了嘱托就走了。

两个小孩长到十六岁时，在长宽各有一百由旬的平整而宽阔的地方的中央，建起了住宅。将女孩嫁给男孩，二人结为夫妇。后来他们生了一男一女双胞胎。就像这样，一共生了十六胎双胞胎。这些牧牛人见王子越来越多，就再开辟地方盖房，建造许多园地，共建造了三十二个人的住宅。像这样三次扩展土地，所以国家名叫毗舍离。

34 忍辱为父杀身

原典

忍辱为父杀身[1]

毗婆尸佛[2]时，波罗奈国王聪慧仁贤，无有子息。事一仙神经十二年，祈求不懈。后第一夫人生育一男，性善不嗔，人相具足。召诸群臣，占其吉凶，即为立字，名曰“忍辱[3]”。及年长大，好行布施，于诸众生等以[4]慈悲。

国有六臣，奸弊谄佞，枉横无道。人所厌患。嫉妒太子。时王重病，命在旦夕。忍辱太子告父诸臣曰：“父王危笃，今当何为？”诸臣曰：“妙药难得，命去不远。”太子悲闷躄地。恶臣立计，欲除太子。启太子曰：“王病须药，药不可得。”太子问曰：“为是[⑤]何物？”答曰：“是不嗔人眼睛及髓。若得此药，王命必全。”太子曰：“我身似是其人。”即辞其母，并集诸小国王，自宣令言：“我今此身与大众别。”即唤旃陀罗[⑥]，碎骨出髓，剜取两目。

臣即捣合，奉上大王。王即服之，病得除愈。问诸大臣：“此药殊妙，除我苦患！”诸臣答曰：“今此药者，太子所办。”王曰：“今何所在？”答曰：“在外。身体伤坏，命不去远。”王大悲哭，往到子所，其命已终。其母懊恼，投身尸上：“我有宿罪，应抹体[⑦]如尘。乃令我子丧失身命！”以牛头栴檀而阇维之，以其遗骨起七宝塔。

注释

①**忍辱为父杀身：**本篇选自《经律异相》卷三十一《行菩萨道上·诸国太子部上》，为该卷第三则，原文出《大方便佛报恩经》第三卷（大正三·页一三七下——一三八中）。

②**毗婆尸佛：**梵语Vipaśyin的音译，又译“维卫佛”。意译“净观佛”“胜见佛”。过去七佛中的第一佛。

③**忍辱：**梵语Kṣānti的意译。佛教术语。“六波罗蜜”之一，对外界加于身心的烦恼、痛苦都安稳忍受，包括不愤怒、不结怨、心中不怀恶意等三种行相（表现出的

行动、行为)。忍辱太子因"性善而不嗔",故以此自名。

④**等以:** 以……同等对待。

⑤**为是:** 中古习用凝固形式的关联性词语,常用于探讨原因、缘故的选择性问中,意为"还是……"。

⑥**唤旃陀罗:** 前面注文中已说过,旃陀罗这一族的男性,以狱卒、刽子手、屠宰、渔猎等为专业。所以这种事得传唤他们来做。

⑦**抹体:** "抹"在中古烹饪用语中有"细细切割"之义。"抹体"即把身体碎割细剁。

译文

毗婆尸佛住世的时候,波罗奈国国王聪明有智慧而且仁德贤明,他没有儿子。他供奉了一位神仙,向神仙祈求儿子,一直经过十二年都不懈怠。后来王后生了一个男孩,性情善良,从不动怒,长相十分漂亮。国王召集那些大臣们,给儿子占卜问吉凶,然后给他取名叫"忍辱"。等到他年龄大了,他喜好做布施,对各种众生都同样慈悲。

国里有六个大臣,他们邪恶不正,谄媚国王,贪赃枉法,横行霸道。这六个大臣是大家厌恶的,认为他们是国家的大患。这六个奸臣十分嫉妒太子。这时国王得了重病，看来活不了几天了。忍辱太子对大臣们说：“父王病重，现在该怎么办？”大臣们说：“好的药很难得到，看来快驾崩了。”太子悲痛迷闷，急得直跺脚。那几个坏大臣就设诡计，要把太子除掉。他们向太子禀告：“国王的病必须要一种药，可是这种药没法得到。”太子问道：“到底是什么药？”奸臣回答说：“是不发怒的人的眼睛和骨髓。如果有了这个药，国王的性命一定能保住。”太子说：“我本人倒像这种人。”他就告别了母后，并且召集所属的各小国国王，自己宣布说：“我现在跟大家告别。”就叫来旃陀罗种姓的人，敲碎骨头，取出骨髓，又剜了两眼。

大臣就把这些捣碎合在一起，献给国王。国王吃下以后，病就痊愈了。他问大臣们：“这种药实在好，我的苦痛和疾病都给解除了！”大臣们说：“现在吃的这个药，是太子做的。”国王问：“他现在在哪儿呢？”大臣回答说：“在外面。他的身体完全伤残了，人快死了。”国王万分悲痛，恸哭不止，去儿子住的地方，这时太子已经死了。王后懊丧烦恼，扑到儿子尸体上说：“我前生造下的罪孽，应该把我的身子剁成粉才对。可是竟叫我儿子这么死了！”就用牛头旃檀把太子火化了，建起了七座宝塔，安置太子骨灰。

35　人药王子救疾

原典

人药王子救疾[①]

过去世时，阎浮提人疫病劫至，普皆疾恼。

尔时阎浮提王名摩醯斯那[②]，领八万四千大城，威势自在。最大夫人怀妊已来，手触病者皆得除瘥。月满产男，生而即说言："我能治病！"又亦生时阎浮提内诸天鬼神皆共唱言："今王所生，便是人药！"以是声音普流闻故，字曰"人药"。时将病人示此王子。诸病人至，王子手触，若以身触，即皆得瘥。安隐快乐。人药王子于千岁中如是治病。后则命终。

诸病人来，闻其已死，忧愁啼泣："谁复度我病痛苦恼？”诸病人言：“人药王子何处烧身？”问知所在，趣其烧处。出骨捣末，以涂其身，即皆得瘥。骨尽之后，至然身处，病皆得瘥。

人药王子，我身是也。

注释

①**人药王子救疾：**本篇选自《经律异相》卷三十二《行菩萨道下·诸国太子部中》，为该卷第七则，原文出自《大宝积经》(大正十一·页四五一中、下)。

②**摩醯斯那：**梵语 Mahāsenā 的音译。

译文

过去世时，人世间流行瘟疫，人们遭到劫数，大家都十分烦恼。

当时人世间有一位摩醯斯那王，他统治着八万四千个大的城市，他的威名权势遍布这些地方。自从王后怀孕以后，用手抚摸生病的人，他们的病就全好了。到了产期，王后生下一个男孩，这男孩生下来就说：“我能治病！”在他出生的时刻，全世界的那些鬼神都一齐唱道：“现在国王生的儿子，就是人药！”因为这声音人们普遍听到了，就给他取名叫“人药”。这时凡有病的人都请这个王子看。那些病人一来，王子用手去摸，或者用身体碰病人以后，病就痊愈。人们安定快乐。人药王子在一千年当中就像这样治病。后来，他死了。

那些病人要来治病，听到他已死，忧伤烦愁，哭着说：“谁再来给我解除病痛苦恼？”那些病人问：“人药王子在什么地方火化？”问明了地点，他们去到火化的地方。取出骨头去捣成粉末，拿它涂抹在身上，病就痊愈了。等骨头光了以后，病人自己到王子火化的地方去待会儿，病都能好。

佛说：“人药王子是我的前身。”

36　最胜王子植德坚固终不可移

原典

最胜[2]王子植德坚固终不可移[1]

昔卑先匿王[3]有二夫人，第一夫人子名“琉璃[4]”，第二夫人子名“祇”。祇初生之日，四方奉宝，一时俱至。王曰：“吾诸子生，未曾如此。可名为祇。”长大学问，靡所不通。王为别立宅舍，七宝所成。金银男女在门左右，持宝钵满中七珍，昼夜抒[5]去，转满如故。太子嫉妒，遣兵往夺。

时有天兵五百余骑卫护祇舍。琉璃军见，怖退走还。太子大怒，请祇来问曰：“我夜遣兵慰劳汝，汝伏兵于内，欲反耶！”祇曰：“不敢。不养文武，内无寸仗[6]。”

琉璃遣检，内外皆无。琉璃意解，具以启佛。

佛言：“祇之植德，遇坚固田[7]，是故不可夺也。维卫佛时，有人诣寺，饭僧讫，以一奴一婢给扫寺庙。自尔之后，天上人中，受福无量。即最胜是。”

注释

①**最胜王子植德坚固终不可移：**本篇选自《经律异相》卷三十三《学声闻道·诸国太子部下》，为该卷第六则，原文出《譬喻经》。

②**最胜：**梵语Sambara的意译。其简略音译就是“祇”。

③**卑先匿王：**梵语 Prasenajit 的音译。一般译作“波斯匿王”。

④**琉璃：**梵语 Virūḍhaka 的简略音译。一般译作“毗琉璃”。

⑤**抒：**舀。用瓢、勺等物或手从大器皿中往外取。《诗·大雅·生民》：“或舂或揄。”《毛传》：“揄，抒臼也。”孔疏：“谓抒米以出臼也。”

⑥**仗：**“杖”。中古军事用语，常用以做“武器”的总称，如《宋书·孝武帝纪》：“其以仗自防，悉勿禁。”《南史·顾琛传》：“上问琛：‘库中仗犹有几许？’琛诡答：‘有十万人仗。’”

⑦**坚固田：**坚固，梵语 Sāla 的意译。佛教名词，意为“不可破坏”。“坚固田”是个比喻，由上句中“植”字联想生发而来：把“植德”喻作“植”于“坚固田”中。

译文

从前，波斯匿王有两位夫人，第一夫人生的儿子名叫“琉璃”，第二夫人生的儿子名叫“祇”。祇在降生那天，所属东西南北各方小国献宝的人，同时都来到了。波斯匿王说：“我的这些孩子出生的时候，还从来没有过这样的。可以给他取名叫祇。”祇长大以后，学习各种学术，没有学不通的。国王给他另外建立宅邸由七宝装成。在门的左右是饰金戴银的男女，手里捧着宝钵，宝钵中装满了七珍，白日黑夜地往外舀，一边舀一边原样生出来。琉璃太子对他很嫉妒，派军队去抢夺。

这时有五百多骑马的天兵保卫着祇的宅邸。琉璃的军队一见，害怕地退回去了。太子非常恼怒，把祇请来，问道：“我夜间派军队去慰劳你，你在宅院里埋伏着军队，你是想要造反吧！”祇回答说：“不敢。我从来没有文臣武将，家里连一寸长的武器都没有。”琉璃派人去检查，里里外外什么都没有查到。琉璃的怀疑解除了，就把这事原原本本地向佛报告了。

佛说："祇的德行是树立在不可破坏的牢固的田地上的，因此，是外力不能改变的。在维卫佛住世的时候，有人到寺院中去，布施斋僧以后，派遣男女奴婢各一人，经常做打扫寺庙的工作。从这样做以后，这个人无论在天上还是在人类社会中轮回，都享受到不可估量的福，他就是祇。也可以叫作'最胜'。"

37　波斯匿王女金刚形丑以念佛力立改姝颜

原典

波斯匿王女金刚形丑以念佛力立改姝颜[①]

佛在舍卫国，尔时波斯匿王最大夫人名曰末利，时生一女，字曰波阇罗[②]。女面丑恶，肌体粗涩犹如驼皮，发如马毛。王观此女，无一喜心。便敕宫内勤意守护："勿令外人得见之也！"女年转大，任当嫁处[③]。

王告吏臣："卿可推寻豪姓贫者[④]，便可将来。"臣即如教，得一贫穷豪姓之士，将至王所。向彼人说："我有一女，面状丑恶，未有酬类[⑤]。当相供给[⑥]，想卿不逆，当纳受之。"时长者子长跪[⑦]白言："当奉王敕。"王即以女妻彼贫人，起宫宅，门阁七重，王敕女夫[⑧]："自捉户排[9]。若欲出时而自闭之，勿令人观见女面状。”王给女婿，使无乏短，又拜为大臣。

其人有财，与诸豪族共为宴会，月月更为。会同之时，夫妇俱谐。诸人来会，悉皆将妇，唯彼大臣恒常独往。众人疑怪：“彼人妇者，傥能[10]端正[11]，或能极丑，是以彼人故不将来。”密共相语，劝酒令醉，解取门排，开其门户。

时女心恼，自责罪咎：“我种[12]何罪，为夫所憎，恒见幽闭，不睹众人。”复自念言：“佛现在世，润益众生，苦厄皆度。”即便至心遥礼世尊：“唯愿垂愍，到于我前，暂见[13]教训。”其女诚笃，佛知其意，即到于家，于其女前地中涌出。其女见佛，心生欢喜，恶相即灭，身体端严，犹如天女，奇姿盖世。佛愍女故，为说妙法，即尽诸恶，得须陀洹道。

时彼五人[14]开户入内，见妇端正，怪不将来。还闭门户，持钥系本带。其人醒悟，会罢至家，见妇姿容人中难有，欣然问曰：“汝是何人？”女答夫言：“我是汝妇。”夫言：“汝前极丑，今者端正？”其妇具说上事。其夫即往白王：“今者蒙佛神恩，已得端正，天女无异。”王敕将来。迎女入宫，王见欢喜。王及夫人及女并女夫共至佛所礼佛，言：“不审此女宿植何福，乃生豪富，受丑陋形？”

佛告王曰：“过去世时，国名波罗奈，有大长者，财富无量，举家恒共供养一辟支佛[15]。身体粗恶，形状丑陋。时彼长者有一小女，见彼辟支，恶心[16]轻慢，呵骂毁言：‘面貌丑陋，身皮粗恶，何其可憎！’此辟支佛受其供养，欲入涅槃，为其檀越[17]作十八变，即从空下还至其家。长者倍喜，女即悔过：‘唯愿尊者当见原恕。’时辟支佛听其忏悔。”

佛告大王：“尔时女者，今王女是。毁訾贤圣，受丑陋形。后见神变，自改悔故，还得端正。由供养佛故，世世富贵，缘得解脱。”

注释

①**波斯匿王女金刚形丑以念佛力立改姝颜：**本篇选自《经律异相》卷三十四《诸国王女部》，为该卷第二则，原文出《贤愚经》第二卷（大正四·页三五七中—三五八中）。

②**波阇罗：**梵语 Vajra 的音译，意译“金刚”，意为金石中最坚固刚硬者。佛经中常用以比喻武器、宝石，并从而衍生出许多比喻。

③**任当嫁处：**“任嫁当处”，以错综修辞手法出之。任嫁，能出嫁了（已到结婚年龄）；当处，该办理这件事

了。

④**豪姓贫者：**豪姓，中古习用语，意为“豪强大族”。本则文中用以译称古代南亚次大陆婆罗门、刹帝利等种姓。“豪族贫者”意为衰微的名门望族。

⑤**酬类：**“酬”是“俦”的同音假借字。“俦类”义为“同类”“同样的人”。晋潘岳《射雉赋》：“邈畴类而殊才。”

⑥**供给：**中古习用义为“以物资、钱财等连续不断地供应”。这里是把女儿和钱物混同在一起，有引诱对方的双关意味。

⑦**长跪：**两腿并拢直跪，其侧面如“L”形。古代席地而坐，当尊敬地回答对方时，便由双腿坐于臀部的姿势一直腰挺成此种姿态。不可理解为先是站着，后来扑通一声跪下了。

⑧**女夫：**女婿。敦煌遗书伯三一二六号《还冤记》写本上端叶边小字题记：“……索中丞以下三女夫……”《后汉书·蔡邕传》：“……球即中常侍程璜女夫也。”

⑨**自捉户排：**捉，手持。自捉，自己亲自掌握。排，丫丫杈杈的木头障碍物。户排，顶门的木棍之类。自捉户排，意为亲自掌握住大门锁、钥匙之类内外闩门用具。下文作“门排”，意同。

⑩**能：**义为“如此”“这样”“那样”，中古习用于夸张性描述中。

⑪**端正**：中古习用义之一为“头部（包括头发、脸面）整齐没毛病（如秃顶、斜视之类）”，也就是“长得漂亮”的意思。下文“端严”意为“端正严整(妆饰得好)”。

⑫**种**：佛教以种子结果比喻因果。如云“前世种因，今生结果”。此处即如此用法。

⑬**暂见**：倏地出现。“暂见教训”，意思是“很快地出现并进行短时间的教导”。

⑭**五人**：自释尊初转法轮首度五比丘后，佛教经典中常以“五”喻“众”。此“五人”即前“众人”，属于“以定数代不定数”的借代修辞方式。

⑮**辟支佛**：梵语 Pratyeka-buddha 的音译，意译“缘觉”“独觉”。佛教术语。指无佛无师而能自己觉悟佛法者。

⑯**恶心**：坏念头、不好的想法。在佛教用语中与“善心”相对。

⑰**檀越**：梵语 Dānapati 的音译，意译“施主”。即施与出家人衣食或为佛事活动布施出资（如办法会、建寺院等）的在家人。

译文

佛在舍卫国时，波斯匿王的大夫人末利生了一个女儿，取名叫波阇罗。女孩面貌丑陋，肌肤粗糙得像骆驼皮，头发像马的鬃毛。国王看见她，心中很不欢喜。就命令宫人用心看住她："不要让外边人看见她。"女孩的年纪逐渐大了，到了可以出嫁的时候了。

波斯匿王对大臣说："你可以去找一个没落贵族，把他带来。"大臣按照国王的命令，找到一个没落贵族的读书人，带到国王那里。国王向那个人说："我有个女儿，容貌很丑，再也找不到那样丑的了。我要把她嫁出去。你如果娶她，我将不断地供给你财物，你大概不会反对吧！"这时这位贫穷长者之子长跪合掌说道："我听从国王的命令。"国王便把女儿嫁给了他，并且给建造宫宅，有七重门阁。国王命令女婿说："你要亲自掌握大门钥匙，出外时要亲自锁门，不要叫人看见我女儿的样子。"国王对女婿供给丰富充裕，没有缺乏的时候，还让他当了大臣。

这个人有了钱，就跟贵族们每月轮流地举办宴会。宴会上，一般是夫妇都参加。大家来时，都带着妻子，只有这个大臣一直是单独来。大家感到怀疑惊讶："那个人的妻子，可能出奇地漂亮，再不就非常丑，所以他不带她来。"大家就私下设计，把他灌醉，解下他身上的钥匙，去开大门。

这时波阇罗心中烦闷，想自己的罪过："我前世中种了什么恶果，被丈夫这样憎恶，长久被关在家中，不让见人！”自己又想道：“佛现今在世上，带给众生利益，使困苦灾难都得到度脱。”想到这儿，便至诚地遥拜世尊道：“希望世尊给以怜悯，快出现在我面前，给我教导！”她至诚恳切。佛知道了，立刻到了她家，在她面前出现。她见到佛，心中欢喜，丑恶相貌立刻消失，体态面容十分漂亮，全身戴着美丽的装饰，仿佛像个世上罕见的天女。佛生出怜悯，为她讲说妙法，当即消除一切恶果，获得须陀洹道。

这时，那几人打开大门进来，看到她非常漂亮，都怪那个大臣不带她参加宴会。他们照样给关好门，把钥匙给那个大臣系回原处带子上。大臣醒来，回到家中，看见妻子的容貌是人间少有的漂亮，高兴地问道：“你是谁？”妻子回答说：“我是你的妻子。”丈夫又问道：“你以前很丑，怎么现在这么漂亮？”妻子说了情况。丈夫便去告诉国王说：“今天蒙佛的圣恩，我妻子变得十分漂亮，就像天女一样。”国王命令去带她来，迎接入宫，国王见了非常欢喜。国王和夫人、女儿、女婿一同到佛那里去拜见佛，并且问道：“不知女儿前生种下什么福分，才生在贵族家庭，而为什么又丑陋呢？”

佛告诉国王说：“在过去世时，有一个叫波罗奈的国，有一个极有身份的长者，非常富有，全家一直供养着辟支佛。辟支佛身粗糙，样子丑陋。当时那个长者有一个小女孩，对辟支佛产生恶念，不尊重佛，并且谩骂毁谤，说辟支佛：‘面貌丑陋，肌肤粗糙，多么令人憎恶！’这个辟支佛受这家供养，将要入涅槃，给施主显现十八种变化，然后就从空中下来，回到他们家。长者非常高兴，他的小女儿当即悔过道：‘希望尊者能原谅宽恕我的过错。’辟支佛倾听并接受了她的忏悔。”

佛告诉国王说：“那时的小女孩，就是现在的你的女儿。因为她毁谤佛，所以成为丑陋的样子。后来她见到佛的神通变化，自己能够悔改，才又能变得漂亮。因为她供养佛的缘故，世世富贵，恶果能够得到解脱。”

38 长者新生一子即识本缘求母请佛甘味自下

原典

长者新生一子即识本缘求母请佛甘味自下[①]

舍卫国中有大长者，生一男儿，面目端正，生而能言。问其父母："世尊及舍利弗、阿难等皆在世不？"父母答："在。"见其能言，乃谓非人，即往问佛。

佛言："此儿有相[②]。"父母欢喜。儿又启曰："唯[③]垂请佛及僧。"答曰："卒[④]无供养。"儿又启曰："但扫洒堂舍，庄严床席，施三高座[⑤]。百味饮食自然满堂。又，先身之母今犹存在，居波罗奈国，愿为仰报[⑥]。"父母遣使驰象迎接。以三高座，一拟[⑦]如来，一为今身母，一为前世所生母。

佛与众僧既入其舍，甘味饭食自然而下，种种丰饶。佛为说法，合家大小尽得初果。

注释

①**长者新生一子即识本缘求母请佛甘味自下**：本篇选自《经律异相》卷三十五《得道长者部上》，为该卷第十四则，原文出《贤愚经》(大正四·页三五四上、中)。

②**有相**：按相法看，有富贵相。中古习用语。东汉王充《论衡·命义》："犹高祖初起，相工入丰沛之邦，多封侯之人矣，未必老少男女俱贵而有相也。"《北史·齐本纪》："及产，命之曰'侯尼于'，鲜卑言'有相子'也。"

③**唯**：通"维"，想。

④**卒**：仓卒的"卒"，后代写作"猝"。

⑤**高座**：佛教说法、讲经、说戒、修持时，为主持人的法师等几个人设置的，较通常席位要高的床座。据说是效仿释尊成道时所坐的金刚宝座。

⑥**仰报**：中古习用语，意为"上报父母养育之恩"。

⑦**拟**：中古习用的动词性语义之一，是"打算好并做了安排","安排好、准备好"。下面一般带宾语。如《北齐书·斛律光传》："饲马数千匹，以拟寇难。"庾信《小园赋》："余有数亩敝庐，寂寞人外，聊以拟伏腊。"

译文

舍卫国有位极有地位的长者，生了个男孩，面貌漂亮，出生时就会说话。他问父母说：“世尊和舍利弗、阿难都还活在世上吗？”他的父母回答道：“都在。”他们见他一降生就会说话，认为他跟一般人不同，便去向佛请教。

佛说：“这个孩子有大福德相。”他的父母都很欢喜。这个小孩又说道：“我想供养佛和僧众。”他的父母说道：“时间太仓促了，我们没有供养之物。”小孩又说：“可以收拾出堂屋，铺好床席，再设置三个高的床座。这样，各种食品就会摆满了屋子。还有，我先世的母亲现在还活着，住在波罗奈国，我希望报答养育之恩。”他的父母立刻派人用象去迎接。三个高座，安排了如来、现在的父母、前世的父母入座。

当佛和僧众来到时，美味的饭食从天上降下，各种吃食都十分丰富。佛给大家说法，合家大小都得到须陀洹果。

39　迦罗越以饱食施鸟令出腹中珠

原典

迦罗越以饱食施鸟令出腹中珠[①]

昔有迦罗越长者，聪明博达[②]，财富巨亿。居近海边，多植树木，荣茂参天。

时海渚[③]上大有珍宝，价值千亿，人不得近。唯鸟往来餐啖明月之珠，朝入暮出，栖宿长者丛林。

长者多智，方便图之，即作百味之食，以用与鸟。鸟食之饱满[④]，便吐珠覆地。长者得之，遂成大富。

注释

①**迦罗越以饱食施鸟令出腹中珠**：本篇选自《经律

异相》卷三十六《杂行长者部下》之第四则，原文出《譬喻经》。

②**博达：** 博学而通达世上事务。中古习用语。如，汉应劭《风俗通·正失》："灵王太子晋，幼有盛德，聪明博达。"唐元结《贺兰进明诗序》："员外好古博达，经籍满腹。"

③**海渚：** 海岛，有时也指大湖泊中的小岛。

④**饱满：** 在此为"饱身满腹"的简略。按：中古习用语中的"饱满"，意为"充足"，适用范围较广，不限于饮食。

译文

从前有一位长者，聪明而通达世上事务，有巨亿财富。他的住处离海边很近，这一带生长着很多树木，茂盛参天。

当时海岛上有许多珍宝，价值千亿，但是没有人敢接近这个岛。只有飞鸟从岛上来来往往衔食明月珠，清晨飞到岛上，傍晚回来栖宿在长者住处附近的丛林中。

长者是个有智谋的人，他想得到宝珠，就想出了一个适当的办法：他给鸟做了各种各样的食物，来喂它们。鸟吃得非常饱，就往地上吐珠子。长者遂得到了珠子，变得更富有了。

40　有人路行遇见三变身行精进

原典

有人路行遇见三变身行精进①

有人在道上行，见道边有一死人，鬼神以杖鞭之。行人言："此人已死，何故鞭之？"鬼神言："是我先身。生在之日，不孝父母，事君不忠，不奉敬三宝，不随师父之教。今令我堕罪而行，苦痛难言，嗔故鞭之。"

稍稍②前行，复见一死人。天人来下，散华于死尸上，以手摩挲之。行人问言："观君似是天人，何故摩挲是死人耶？"答云："是我故身。生在之日，孝从父母，忠信事君，奉事三尊，承受师父之教令。我神得生天，皆是故身之恩。是故以来报之耳。"

小复[3]前行，又见一天人，衣服鲜好，端正香洁，道边摘酸枣啖之。行人问曰："睹君似是天人，何啖酸枣？"天人答曰："我在世时，孝从父母，忠信事君，奉事三尊，种种作诸功德。唯不喜饭饲人客。今作天人，恒食不充，是以食酸枣耳。"

行人一日见此三变，便还，奉持五戒，修行十善，孝从父母，忠信事君。示语后世：罪福追[4]人。

注释

①**有人路行遇见三变身行精进：**本篇选自《经律异相》卷三十七《优婆塞部》，为该卷第十三则，原文出自《诸经中要事》。

②**稍稍：**中古习用语，意为"逐渐""一会儿以后"。

③**小复：**"小"为"少"的假借字。少复，一会儿以后。

④**追：**中古习用语，义之一为"跟随""随着"。如《搜神记》："炎帝少女追之，亦得仙。"今语犹有"追随"一词，乃同义词组合而成。

译文

有人在路上走，看见道旁有一具死尸，鬼神用杖打它。路人便问道："这个人已经死了，为什么还打它？"

鬼神说：“这是我生前的身体。在我活着的时候，不孝顺父母，对皇上不忠，不敬奉佛、法、僧三宝，不听师父的教导。现在它让我堕入罪恶之中，遭受极大的苦痛，我恨它所以打它。”

路人往前走了不久，又看见一个死人。有天人从天上降下，往死尸上撒花，并且用手去抚摸它。这个走路的人问天人：“我看你像是仙人，为什么去抚摸死人呢？”天人回答道：“这是我过去的身体。我在世时，孝顺父母，尽忠于皇上，并且敬奉佛、法、僧三宝，还能听从师父的教导。我的灵魂能够升天，都是已死的身体给我的好处，所以来报答它。”

路人又往前走，遇见一个天人，穿着漂亮，面庞美丽，浑身散发着芬芳的气息，正在道边摘酸枣吃。路人问天人：“我看你像是天人，为什么吃酸枣呢？”天人回答说：“我在世的时候，孝顺父母，尽忠于皇上，敬奉着三宝，做各种功德。但是不愿意给客人饭食。如今我成了天人，就常常不能吃饱，因此吃酸枣。”

路人在一天里看到了这三种变化情况，就回家了。他到家之后，奉行五戒，修行十善，孝顺父母，尽忠于国家。本则故事给后世留下的教训是：生前所造的业和福，死后还要跟着你。

41　妇人丧失眷属心发狂痴

原典

妇人丧失眷属心发狂痴[①]

天竺[②]有一人往诣舍卫国。妇生两子，大子七岁，次子孩抱。母复怀妊，欲向在产[③]。天竺国俗，妇人临月[④]，归父母家。

时此夫妇共乘一车，载其二子，诣舍卫城。中路放牛时，有毒蛇缠绕牛脚，牛遂离桊[⑤]。其夫取牛，蛇即舍牛杀夫。妇见怖懅，啼哭。日已欲瞑，去家不远，隔一河水。瞑惧抄贼[⑥]，即弃其车，携将二子，到于水畔，而留大儿水边，抱小而渡。涉水始半，狼啖其子，叫呼其母。母闻其声转顾，见之惊懅，不觉抱儿堕河，随流而逝。母益懊恼，迷惑失志[7]，顿踬水中，堕所怀胎。

遂便渡水，问道行人："我家父母为安隐不？"答曰："昨日失火，皆烧死尽。"又问行人："闻我夫家姑公安隐不？"答曰："遇贼伤害，姑公皆死。"愁惧迷闷，不识东西，裸形狂走。行人见者怪之，谓得邪病。驰走见佛，佛大会说法。

时妇见佛，意即得定，不复愁忧。自视裸形，惭愧伏地。佛呼阿难："取衣与之。"妇着衣致敬，佛即说经，为现罪福。即发无上道心，立不退转地。愁忧除散，如日无云，发无上心。

注释

①**妇人丧失眷属心发狂痴**：本篇选自《经律异相》卷三十八《优婆夷部》第五则，原文出《妇人遇辜经》(大正十四·页九四四上、中)。

②**天竺**："印度"的古代另一音译。《大唐西域记》卷二：详夫"天竺"之称，异议纠纷，旧云"身毒"，或曰"贤豆"，今从正音，宜云"印度"。按：这是外民族对南亚次大陆地区的带模糊认识的总称。天竺又分东、南、西、北、中，合称"五天竺"。

③**在产**：妇人分娩、临盆。此处"在产"为"在产

之地”的简略语。

④**临月：**要分娩的那个月，接近临盆之时。中古习用语。如《宋书·始安王休仁传》：“时廷尉刘蒙妾孕，临月，迎入后宫。”

⑤**桊：**拴牛鼻子的器物。《说文·木部》：“桊，牛鼻中环也。”《龙龛手鉴·木部》：“桊，音眷，午拘也。”拘，有环、搭钩，用绳相连之物。

⑥**抄贼：**抄，劫掠；贼，中古习用语，义为“抢，做强盗(而不是现代语中的“小贼”，有时却带有“造反”之义)”。两个近义词组成并列结构，在此处是以主动式表被动态，意为“被劫遭抢”。下文中“遇贼”，意为“被强盗杀害”。

⑦**失志：**神情恍惚，失去神智。中古习用语。如《世说新语·纰漏》：“自过江，便失志。”

译文

天竺有一个人到舍卫国，遇到下面发生的事。有个妇人，她有两个儿子。大的七岁，小的还在怀抱年龄。这个妇人怀了身孕，准备到生产的处所去。天竺的习俗是，妇女临产的月份，要回到父母家中。

这时，夫妻坐着一辆牛车，带着两个小孩，往舍卫城去。中途让牛休息，牛脚被毒蛇缠住，牛便逃走。妇人的丈夫去追牛，被毒蛇咬死，妇人惊怕啼哭，不知所措。这时太阳已经快下山了。离娘家不远的地方，隔着一条河。妇人怕天晚碰上强盗，便从车上下来，带着孩子准备渡河。到了水边，先抱小儿子渡水，把大儿子留在那里。涉水过河到一半，岸上来了狼，听见大儿子叫母亲的声音。妇人回头看见狼吃孩子，惊恐万分，不觉地把怀中儿子掉在水中，被水冲走。妇人懊恼忧伤，接二连三的不幸，使她神志不清，自己也摔倒在水中，不幸流产了。

她过了河以后，问路人："我的父母都好吗？"路人回答："昨天失火，他们都被烧死了。"妇人又问道："你知道我的公婆都好吗？"对方告诉她说："他们都被强盗杀死了。"妇人一听到这些，精神受到刺激，极端忧伤，立即认不得方向，赤裸着身体乱走着。路上的人都感到奇怪，认为她得了邪病。后来她跑到佛那里，佛正在会上说法。

妇人一见到佛，神志安定了下来，不再忧伤。看到自己的样子，羞愧得伏在地上。佛叫阿难说："拿衣服给她。"妇人穿了衣服，向佛致敬，佛便给她说法，说明罪和福的因果。就激发了她的无上道心，使她立于不退转之地。她的忧愁全被消除了，就像太阳不被云彩遮住一般，发出了无上道心。

42 四仙人得道缘

原典

四仙人得道缘[①]

佛在罗阅祇[②]，宣说正法。诸尼犍[③]等心皆愁恼。梨夷山有五百仙人，尼犍遣使云："此间有佛，自谓得道，神变第一。皆不及我等，而自高大。愿大师等自屈见佐，论道至要，毁灭其道。远令诸师功名益显。"答言："大善。我等且遣四人往难瞿昙。"

尼犍宣令国内："却后七日，当有四佛入国度人。"及至其日，四人现神变从空中来，各从城一面入。众人睹见，谓为真佛。尼犍遣使白佛："可来讲道。"佛言："食时当往。"尼犍喜曰："瞿昙恐不如，诈不前来。"众皆谓然。

佛令空中火起，从西面来，四人南飞；火复南来，四面热气，四人惶懅，顿卧在地。佛现在凉处，即得寻凉，来至佛前。佛为说法，皆作沙门，得应真道。佛入城，城中人言："旦有四佛在虚空中。"佛言，即指左右："此四罗汉是也。"

注释

①**四仙人得道缘：**本篇选自《经律异相》卷三十九《外道仙人部》第九则，原文出十卷本《譬喻经》第五卷。

②**罗阅祇：**王舍城，摩揭陀国之都城。故摩揭陀国亦称罗阅祇国。

③**尼犍：**梵语 Nirgrantha 的音译。佛教认为是外道之一种。《法华经要解》卷五认为，在家的外道称为尼犍，出家的外道称为梵志。《法华文句记》卷九的解释与之相反。又一解释是：信仰耆那教者，为外道六师之一。

译文

佛在王舍城，宣讲佛法。那些尼犍外道心中都忧愁气恼。梨夷山有五百位仙人，尼犍派使者去，说："这里有位佛，自认为得道，神通变化属第一。他各方面都赶不上我们这些人，却自高自大。希望大师们来帮忙，讲讲‘道’的最精妙之处，把释迦的道行毁灭。这就会使各位仙师的功德名声更加远扬。”仙人回答说：“非常好。我们就派四个人去和瞿昙论道。”

尼犍就向国内人宣布：“过七天，就有四位佛来国里度脱人们。”等到了那天，四个人各显神通，从空中下来，每个人从城的一面进来。大家看见后，认为是真佛。尼犍派人对佛说：“你可以来论道。”佛说：“食时就去。”尼犍高兴地说：“瞿昙恐怕比不过我们，他在使诈，不会来的。”大家都认为是这样。

佛运用神通，使空中起火，火从西面来，四人就往南飞；火又往南来，四面是热气，四个人惧怕，立刻趴在地上。佛从凉处出现，他们寻往清凉的地方，就来到佛面前。佛给他们说法，最后他们都做了沙门，获得了真正的道行。佛进了城，城里人说：“早晨有四位佛在虚空中。”佛指着左右：“这四位罗汉就是。”

43　梵志丧儿从阎罗乞活诣佛得道

原典

梵志丧儿从阎罗[2]乞活诣佛得道[1]

昔有婆罗门，少出家学。至年六十，不能得道，法应归家[3]，取妇为居士[4]。生得一男，端正可爱。至年七岁，卒得重病，一宿命终。梵志怜惜，伏其尸上，绝而复苏。亲族谏喻，强夺殡殓，埋着城外。梵志自念：我今啼哭，计无所益。不如往至阎罗王所，乞索儿命。

沐浴斋戒，赍持花香[5]，发舍[6]而去。所在[7]问人："阎罗王所治，为在何许[8]？"前行数千里，至深山中，见诸梵志，复问如前。答曰："卿问阎罗王所治处，欲求何等[9]？"答言："我有一子，近日卒亡。欲至阎罗王所，乞索儿命。”梵志愍其愚痴，即告之曰：“阎罗王治处，非生人所得到也。当示卿方宜[10]：从此西行四百余里，有大川，其中有城。此是天神案行[11]世间，停息之城。阎罗王常以月四日案行，必过此城。卿持斋戒，往必见之。”欢喜而去。

到其川中，见好城郭，宫殿屋宇如忉利天。梵志诣门，烧香翘脚[12]，祝愿求儿。阎罗王敕门[13]见之。梵志启言：“晚生一男，欲以备老。养育七岁，近日命终。唯愿大王垂恩，布施还我儿命。”王言：“大善！卿儿今在东园中戏，自往将去。”即往，见儿与诸小儿共戏。前抱啼泣曰：“我昼夜念汝，食寐不甘。汝宁念父母辛苦以不？”小儿唤，逆诃之曰：“痴騃老公！不达道理。寄住须臾，名人为子？勿妄多言，不如早去。今我此间自有父母。”梵志怅然，涕泣而去。即自念言：“我闻瞿昙沙门知人魂神变化之道，当往问之。”

即还佛所，稽首作礼，具以本末向佛说之：“实是我儿，不肯复反，谓我为‘痴騃老公’、‘寄住须臾，名他为子’，永无父子之情。何缘乃尔？”佛告梵志：“汝实愚痴。人死神去，便更受形。父母妻子，因缘会居。譬如寄客，起则离散。”梵志闻之，豁然意解。稽首委质，愿为沙门。佛言：“善哉！”须发自落，法衣在身，即成比丘。即于座上得罗汉道。

注释

①**梵志丧儿从阎罗乞活诣佛得道：**本篇选自《经律异相》卷四十《梵志部》第五则，原文出《法句经·道行品》第四卷（大正四·页五九七中—五九八上）。

②**阎罗：**梵语 Yama 的音译。梵语 Yamarājā 则音加意译为“阎罗王”。古代南亚次大陆吠陀时代神话中的大神之一。后来在发展中成为冥界总管，地狱的主神。佛教认为此神为“诸天”之一。传入中国后，与道教及民间的“泰山治鬼”等信仰结合，衍生出冥界十王之说，而以“阎罗王”为其代表。

③**归家：**古代南亚次大陆四种姓中最上位的婆罗门种姓的男子，在其幼年、青年时期，约八岁至二十岁之间，例须离开家庭（本则文中以佛教“出家”拟之），从师学习吠陀经典和祭仪等。至少十二年。此后，约二十多岁时，可返家，结婚生子，经营俗事。本则文中反映的六十岁返家的情况是特例，似以之说明其学道之坚定、长期而无成。

④**居士：**梵语Gṛhapati的一种意译，又译“长者”等，音译“迦罗越”等。前已有注。此处意指这种富豪式“长者”或居家有道之士，与佛教居士不同。

⑤**花香：**花和香，古代南亚次大陆多种教派均用以

敬神。佛教以花示“六度”中的“布施”，涂香表“持戒”，烧香（供焚烧的香）表“精进”。

⑥**发舍**：中古习用语，意为“从自己住的房舍出发”。

⑦**所在**：中古习用语，义之一为“到处”。

⑧**为在何许**：“何许”是中古习用的凝固形式词语，意为“哪里”，常用以询问地点，偶或问时间（如“良辰在何许？”）。“为在”是一种带探询口气的词组，意为“可能在？”。全句意为“可能在什么地方？”。

⑨**何等**：中古习用词语，意为“什么”。

⑩**方宜**：中古习用词语，意为“处理、应付事情的办法”。

⑪**案行**：中古政治术语，意为“以领导、主管身份巡察”。

⑫**翘脚**：古代常以此种姿态表现渴望的心情。

⑬**敕门**：给把门的人下令。

译文

从前有个婆罗门，青年出家学道，到了六十岁还不能得道，按常规回到了家里，结婚，过起世俗生活。他们得了一个男孩，长得漂亮可爱。这男孩七岁时忽然患重病，一夜间就死去了。他疼爱孩子，伏在孩子尸体上哀痛得死去活来。亲戚家族们劝说着，抢着将小孩入殓，埋到了城外。他暗自想：我现在只顾啼哭，又有什么用呢，还不如到阎罗王那里，讨回儿子的性命。

他就沐浴斋戒，带着花和香，从家中出发往阎罗王那儿去。一路上逢人便打听：“阎罗王的治所，可能在哪儿？”他走了好几千里路，到了深山里，看到好些外道出家人，又提出前面的问题。这些人就说：“你问阎罗王的治所，要做什么呢？”他说：“我有一个儿子，最近忽然死了。我要到阎罗王那儿去，讨回儿子的性命。”那些人怜悯他的愚痴，便告诉他说：“阎罗王的治所，不是活人可以去的。我们可以告诉你一个可行的办法。你从这里往西走四百多里，有条河围绕着一座城池，是天神巡察人世时停留休息的城。阎罗王每月四日下来巡察，必然经过这个城。你持斋戒到那里去，一定会见到他。”他听完很高兴地去了。

他找到了那条河环绕的一座漂亮的城，宫殿房屋的建筑就像天宫一般。他到了宫门口，烧着香，跷着脚，扒着门，虔诚地祷告，乞求把儿还给他。阎罗王命令大门的看守带他来见。他见到阎罗王，说道：“我晚年生了一个男孩，想靠他养老。可是刚养育到七岁，这几天死了。我唯一的愿望是求大王恩赐，把我儿子的性命布施给我。”阎罗王说：“很好！你的儿子正在东边园子里玩要，你自己去带走好了。”他就去到那里，看见他的儿子正跟许多小孩一块儿玩着，他上前搂住儿子哭着说：“我日夜想念你，睡不好，吃不好。你难道不想一想父母抚养你的辛苦吗？”他的儿子就叫喊起来，对着他的脸抢话说：“你这傻老头！简直不通情理。我不过像住店一样，在你家住了一阵子，你就管别人叫儿子吗？别乱说个没完了，还是早些离开这儿吧！现在我在这儿另外有父母。”他惆怅着，流着眼泪离开了这里。他当即想道：“我听说释迦牟尼佛知道人的灵魂变化的道理，我得去请问他。”

他到了佛那里，向佛礼拜，并向佛陈诉了全部情况。他说：“那小孩确实是我的儿子，可是不肯回到我身边来，还说我是个‘傻老头’，还说‘不过像住店一样，在你家住了一阵子，你就管别人叫儿子吗？’，根本没有父子之情。这是什么样的因果造成的呢？”佛告诉他说：“你确实愚痴。人一旦死了，神识就离开了，就再更换一个形体。父母也好，妻子也好，都是因为各种因缘才聚会到一起的。这就像大家临时住店，早起就别离分手了。”他听到佛的讲解，心中豁然开朗。他至诚地向佛礼拜，表示愿意出家。佛说道：“很好！”这时他的胡须、头发都自然脱落，身上穿的变成了法衣，当即成了僧人。他就在座位上获得了罗汉道。

44 婆罗门生美女佛言不好

原典

婆罗门生美女佛言不好[①]

佛在世时，有一婆罗门，生两女，皆端正。乃故悬金，九十日内，募索有能诃女丑者，便当与金。竟无应募者。

将至佛所，佛便诃言：“此女皆丑，无有一好[②]。”

阿难白佛言：“此女好而佛言恶，有何不好？”

佛言：“人眼不视色，是为好眼；耳、鼻、口亦尔。身不着细滑，是为好身；手不盗他财，是为好手。不犯此事，是乃为好。眼视色，耳听音，鼻嗅香，身喜细滑，手喜盗他财，如此者，皆不好也。”

注释

①**婆罗门生美女佛言不好：**本篇选自《经律异相》卷四十一《婆罗门部》，为该卷第十四则，原文出《杂譬喻经》。

②**好：**女子年轻美貌称为“好女”，是中古习用语。此处的“好”，语意双关。

译文

佛在世时，有一位婆罗门，生了两个女儿，都长得漂亮。他因此出赏金，九十天内，有能挑出他女儿不好的地方，就给他赏金。最后没有应募的人。

他带女儿到佛那里，佛就呵责说：“这些个女子都丑陋，没有一处漂亮。”

阿难对佛说：“这些女人很漂亮，佛您却说她们不美，有哪些不漂亮呢？”

佛说：“人的眼睛不看颜色，算是好的眼；耳、鼻、口也是这样。身上不穿细滑的衣服，这才是好身体；手不盗取别人的财物，这才是好手。内心清净，这才算真正美丽。眼贪看颜色，耳朵听声音，鼻子闻香味，身上喜欢穿细滑的衣服，手喜欢盗取别人财物，如此贪恋执着，那算不上好。”

45　郁伽见佛其醉自醒受戒以妻施人

原典

郁伽[2]见佛其醉自醒受戒以妻施人[1]

郁伽居士醉，采女围绕，在毗舍离大林中。遥见世尊在树间坐，端正殊妙，根意息定[3]，光如金聚。见已醉解，至世尊所，却坐一面。

佛为分别四谛，得无畏法。头面礼足："我归三宝，作优婆塞，受持五戒。"还至本处，告眷属曰："汝今当知：我从世尊受戒。若欲乐者，行施作福；若不乐者，各还亲里。我当放[4]汝。"时最大夫人曰："子从世尊，尽命[5]受戒。有某人，当以我与彼作妇。"

彼时居士便呼彼人，以左手持夫人，右手执金澡罐，语彼人曰："我以此最大夫人与汝作妇。"彼人惊怖毛竖，语郁伽曰："居士不欲杀我耶？"答言："不也。我从佛，尽命行梵行，故以大妇用与汝⑥！终不变悔。"

注释

①**郁伽见佛其醉自醒受戒以妻施人：**本篇选自《经律异相》卷四十二《居士部》第二则，原文出《中阿含经》（大正一·页四七九下—四八一中）。

②**郁伽：**梵语 Ugra 的音译。全称 Ugraparipxcchā，音译"郁伽罗越"。意为"最为首的、有功德的、有威德的、称雄的"。毗舍离城附近象村的大富豪。

③**根意息定：**这是个错综词格的用法，意为"根息意定"，即"六根（眼、耳、鼻、舌、身、意）清净止息，进入禅定"。

④**放：**主人免除所属奴仆的人身依附身份，使之自由，称为"放"。

⑤**尽命：**到生命的最后一息为止。

⑥**故以大妇用与汝：**大妇，正妻。用，意为"因而、因此、这才"。这里头四个字只是说了半句，下面停顿一下，然后斩钉截铁地说出下一句三个字来。

译文

郁伽居士喝得大醉，在毗舍离大树林里，漂亮的妇女围绕着他。他远远地看见世尊在树林里坐着，体态端庄，神态极为妙好，六根清净，进入禅定，身上发出金子一样的光辉。他见了这情景以后，酒也醒了，到世尊那里，退坐到世尊的对面。

佛为他分析讲解“四谛”，他就得到了“无畏法”。他头面朝地，对佛行接足礼，说：“我要皈依三宝，当优婆塞，受持五戒。”他回到自己的住处，告诉眷属说：“你们如今要知道，我跟世尊受了戒。如果想要身心清净的快乐的，就留下来行布施做福田；如果不愿意这样做，就各回各的娘家。我可以放你们自由。”当时他的正妻说：“你跟随了世尊，一生受戒了。现在有这么一个人，可以把我嫁他做妻子。”

这时居士就叫来那个人，用左手牵着夫人，右手拿着金澡罐，向那个人说：“我把我的正妻送给你做妻子。”那个人吃惊得头发都竖起来了，对郁伽说：“居士不是想杀我吧？”郁伽回答说：“不是的。我跟随了佛，终身要从事修行，这才把正妻送给你！我永不反悔。”

46 优婆斯纳兄妻后悔为道兄射杀弟反矢自害

原典

优婆斯纳兄妻后悔为道兄射杀弟反矢自害[①]

罗阅祇国有估客兄弟二人，共住一处。兄求长者女，欲以为妇。其女年小，未任出适。兄与众贾远至他国，经历多年，滞不时还。女年尚大[②]，而语其弟："卿兄远行，没[③]彼不还。汝今宜可娶我女。"其弟答言："何有是事？"长者数说，其弟意坚，未曾回转。长者诈作远书，托诸贾客，说兄死亡。复告之曰："卿兄已死，汝当云何？"弟娶其女。经历数时，女已怀妊。兄从远还，弟心怀惧，逃至舍卫。如是展转，到于佛前。求索出家。佛即听许。便成沙门，名优婆斯。奉持律行，得阿罗汉。

兄知忿恨，欲杀之。至舍卫国，即出重募，赏金五百两。应募者相将[4]俱进。见弟坐禅，欻生慈念："云何杀此比丘？""吾设不杀，当夺我金！"欲射比丘，乃中其兄。其兄怀恚，愤恼而终。受毒蛇形，生此道人户枢之中。户数开闭，檄[5]身而死。遂愿更作小形毒虫，依道人房。从屋下堕比丘顶上，恶毒猛炽，即便命终。

告舍利弗："乃往过去，有辟支佛出现于世。处在山林。时有猎师，恒捕禽兽，施设方计，望伺苟得。疑辟支佛惊其禽兽，伺捕不得，便怀嗔恚，以毒箭射辟支佛。时辟支佛心愍此人，欲令改悔，为现神足。于时猎师心怀敬仰，恐怖自责，归诚谢过。时辟支佛受其忏悔，毒攻而死。

"其人命终，便堕地狱。既出地狱，五百世中常被毒死。至于今日，得罗汉道，犹为毒虫所螫而死。"

注释

①**优婆斯纳兄妻后悔为道兄射杀弟反矢自害：**本篇选自《经律异相》卷四十三《估客部》第五则，原文出《贤愚经》(大正四·页四一七中—四一八上)。

②**尚大：**尚，在此处意为"增加"。《诗·齐风·著》："尚之以琼华乎而。"朱注："尚，加也。"尚大，加大、

增大。

③**没：**陷落、沦落。特指沦落甚至死在异国他乡。这种特殊含义的用法，自汉代起流行。《后汉书·班超传》："然恐后世或名臣为'没西域'。"

④**相将：**排列成横队，肩并肩，靠得很紧，挎着。这里用来形容应募者多而密集。

⑤**檄：**从旁打击。

译文

舍卫国有从事经商生意的两兄弟，同住在一起。哥哥向一位长者的女儿求婚，想要娶她做妻子。而长者女儿年纪小，还不到出嫁的年龄。不久，哥哥同商人们出远门到别国去，经过许多年，滞留在外不回来。女郎年龄增大，长者对那个弟弟说："你哥哥到远处去多年不回来，你现在可以娶我的女儿。"那个弟弟说："我不能答应。"长者屡次劝说，弟弟意志坚定，没有回心转意。长者就伪造书信，托那些商人谎报他的哥哥已经死了。长者又向那个弟弟说："你哥哥已经死了，你还有什么说的？"弟弟娶了长者的女儿。经过一段时间，这女子怀了孕。这时他哥哥从远处回来了，弟弟心中害怕，逃到了舍卫国。就这样辗转到了佛面前。他向佛要求出家。佛答应了他。他就成了沙门，法号优婆斯。他奉持律行，得到了阿罗汉果。

哥哥知道了，内心充满愤恨，想杀掉他。就到舍卫国，出重金五百两招募人杀他弟弟。来应募的人很多，排成横队一起去。这些人见那位弟弟坐禅，顿时心中生出慈悲的念头：“为什么要杀这位比丘呢？”又想：“我们要是不杀他，赏金就让人拿回去了。”正当射杀比丘，然而中箭的却是他的哥哥。他哥哥怀着愤恨死去。转生成毒蛇，生在这比丘的房子门扇轴中，门不断地开关，毒蛇被门夹死了。他就要求生成小型毒虫，生到那位弟弟即现在的修行人的屋子里。毒虫从屋上掉到他的头顶，狠命地螫，这比丘当即就死了。

佛告诉舍利弗说：“在过去的时候，世上有辟支佛出现，待在山林中。当时有位猎人，长年逮捕禽兽，施设逮禽兽的工具，窥探希冀猎物到手。他怀疑辟支佛扰乱他的禽兽，使他捕不到猎物，就对辟支佛不满，发了怒气，用毒箭射辟支佛。辟支佛怜悯这个人，想让他改悔，为他现出神通。这时猎人心里生出敬仰，责备自己，诚心地归附于佛，为自己的罪过忏悔。辟支佛接受了他的忏悔后，毒发而死。

“猎师命终后，就堕入地狱。等他出了地狱，在五百世中常常被毒死。到了今天，得了罗汉道，还是被毒虫螫死了。”

47 木巧师及画师相诳

原典

木巧师[2]及画师相诳[1]

昔北天竺有一巧师，作一木女，端正无双。衣带严饰，世女无异。亦来亦去，能行酒看客[3]，唯不能语耳。

时南天竺有一画师，亦善能画。巧师闻之，作好饮食，即请画师。便使木女行酒擎食，从旦至夜。画师不知，谓是真女，欲心极盛，念之不忘。时日以暮，木师入宿，留画师住，以此木女立侍其侧。便语客言："故[4]留此女，可共宿也。"主人已入，木女立在灯边。客即呼之，而女不来。客便前牵之，乃知是木。便自惭愧："主人诳我，我当报之！"

于是画师复作方便，即于壁上画作己像，所着被服与身不异，以绳系颈，状似绞死。作已闭户，自入床下。天明主人出，见户未开，即向中观。唯见壁上绞死客像。主人大怖，便谓实死，即破户入，以刀断绳。于是画师从床下出，木师大羞。画师即言："汝能诳我，我能诳汝。客主情毕，不相负也。"

注释

①**木巧师及画师相诳：**本篇选自《经律异相》卷四十四《男庶人部上》第七则，原文出自《杂譬喻经》（大正四·页五二三下—五二四上）。

②**木巧师：**按古代南亚次大陆对艺能学术的分类，"工巧"指有关技术、工艺（称为"身工巧"）、音乐、文艺（称为"语工巧"）等。"巧师"为"工巧师"的简略语。"木巧师"则特指木匠中的能工巧匠（包括优秀建筑师、细木工艺能人等）。

③**行酒看客：**做酒店服务员的工作。行酒，做送酒、倒酒等工作；看客，照应顾客。

④**故：**中古习用副词，用在此处，意为"特意""特为""特地"。

译文

从前北天竺有个能工巧匠，创造了一个木头女人，模样非常漂亮，简直没人能比得了。衣服装饰很整齐美观，跟世上女人没有什么不同的。也能来回地走动，也能倒酒、招待客人，只是不能说话罢了。

同时，南天竺有一个画师，很善于绘画。这个木匠听说画师很有本领，便准备了丰盛的饮食，把他请来招待他。让木头女人端酒端食，一天到晚侍候他。画师不知道，以为是真的女人，很喜欢它，想得到它。这时天色已晚，木匠到后面去睡，把画师留在前厅，并把木头女人留在他旁边侍候。木匠对客人说："我特意把它留给你，让它陪你过夜。"主人离开以后，木头女人站在灯旁。客人就喊它过来，木头女人不动。客人就走过去拉它，这才知道是木头的。当时自己感到很惭愧，想道："主人骗了我，我也要报复他一下！"

于是画师就用自己最擅长的技艺，在墙上画了自己的像，画像的衣服跟当时穿的一模一样，在脖子上套上绳子，做成绞死的样子。弄好之后，关上门，自己躲到床底下去。第二天天亮以后，主人出来，见画师的门没有开，就向里边张望。他看见了墙上绞死的画像。主人恐惧极了，以为画师确实死了。就打破门进来，拿刀要割断绳子。这时画师从床底下钻了出来，木匠见了，心中很羞愧。画师说："你能骗我，我也能骗你。咱们俩一报还一报，互不相欠了。"

48 女人怀妊生四种异物

原典

女人怀妊生四种异物[1]

有夫妻二人无子，祠祀天神，以求系胤[2]。神即许之。遂便怀妊，生四种物[3]：一者，斾檀斗，盛米；二者，甘露瓶；三者，宝囊；四者，七节神杖。

其人叹曰："吾求儿子，更[4]生余物[5]！"便到神所，重求所愿。神即语言："汝欲得子，何物[6]称益？"答曰："子当使令，给养吾等。"

神云："今此米斗，用之无尽。甘露蜜瓶，食之无减而消百病。珍宝之囊，用之无损。七节神杖，以备凶暴。儿子岂能办此[7]！"其人大喜，还家试验，如言不虚。遂成大富，不可訾计。

国王闻之，即遣众兵，欲往攻夺。其人擎杖飞游击敌，摧破强众，皆悉退散。其人欢喜，无复忧患。

注释

①**女人怀妊生四种异物：**本篇选自《经律异相》卷四十五《女庶人部下》，为该卷第十三则，原文出《譬喻经》。

②**系胤：**继嗣，后代（特指儿子）。

③**四种物：**四种异物。“异物”为中古习用语，意为“奇特怪异的事物（其中有非生物，有生物，不包括人类，但包括妖魔鬼怪）”。本则文中所指即为此种非生物的“异物”。中古习用的另一语义是“死人（鬼）、遗体”，由前一义衍生。

④**更：**中古习用语，表示转折性语气的词，意为“反而”“却”。

⑤**余物：**意为“一些多余的（含有“无用的”意味）东西”。

⑥**何物：**中古习用语，意为“什么”。

⑦**办此：**由词组构成的一个中古习用语，意为“做成、料理这些事”。

译文

有夫妻二人没有儿子，祭祀天神求儿子。天神答应了他们。不久，这个人妻子就怀孕了，生出了四样东西：第一个是旃檀斗，可以盛米；第二个是甘露瓶；第三个是宝囊；第四个是七节神杖。

她丈夫感叹说：“我求的是儿子，却生了些没用的东西！”他就到天神那里，重新许愿求儿子。天神就对他说：“你想得儿子，是为了得什么好处？”他回答说：“儿子能听我使唤，可以赡养我们。”

天神说：“现在给你的米斗，那里面能产生用之不竭的粮食。甘露蜜瓶中装的液体，永远吃不完，还能消除百病。宝囊里的珍宝，用起来无穷无尽。七节神杖是用来防备暴徒的。儿子哪里能办到这些事！”这个人十分高兴，回家去做试验，正像天神说的一点儿不假。他从此就变得非常富有，财富多得没法儿计算。

国王听见这消息，就派军队去夺他的财宝。这个人举着神杖飞过来飞过去，把强大的敌人击败，这些敌人全部溃逃了。这个人很高兴，从此再也没有可忧虑的事情了。

49　二鬼负尸拔出手足头胁从人易之形改心存遇佛得道

原典

二鬼负尸拔出手足头胁从人易之形改心存遇佛得道[①]

昔人远行，独宿空舍。夜中有鬼，担一死人，来着其前。后有一鬼，逐来嗔骂："死人我物，汝忽[②]担来！"先鬼言："是[③]我物，我自持来！"后鬼言："是死人实我担来！"二鬼各捉一足一手争之。前鬼言："此有人，可问。"

后鬼即问："是死人谁担来？"是人思维：此二鬼力大，若实若妄，俱不免死。语言："前鬼担来。"后鬼大嗔，捉其人手，拔出着地。前鬼取死人一臂附之，即着。如是，两臂、两脚、头、胁，举身皆易。于是二鬼共食所易人身，拭口而去。

其人思维：我父母生身眼见二鬼食尽，今我此身悉是他身肉[④]。我今定有身耶，为无身耶？若以有者，尽是他身；若无者，今现身如是。

行到佛塔，问诸比丘，广说上事。诸比丘言：“从本[⑤]以来，恒自无我。但以四大和合[⑥]故，计为我身。如汝本身，与今无异。”诸比丘度之为道，得阿罗汉。

注释

①**二鬼负尸拔出手足头胁从人易之形改心存遇佛得道：**本篇选自《经律异相》卷四十六《鬼神部·杂鬼第四》第五则，原文出《大智度论》第十二卷（大正二十五·页一四八下）。

②**忽：**中古习用义为“非常快地”，相当于现代口语“倏地”“倏地一下”。带有“出人意料”意味。

③**是：**在这里还是个代词，而不是系词。义为“这个（是）”。下文“是死人”之“是”义同。

④**他身肉：**别人的身体和身上的肉。“他”字还不是第三人称代词。

⑤**本：**佛教用语，义为“原始、开初、萌生万物之始”。

⑥**四大和合：**佛教用语。“地、水、火、风”为四大。佛教认为，世间万物均由此四者“和合”（义近于今语“化合”）而成。

译文

过去有个人，在远途旅行中，独自一人在空房中寄宿。夜里，先进来一个鬼，扛着一个死人，放在这个旅人面前。后面又追来另一个鬼，气呼呼地骂道：“这死人是我的东西，你怎么抢走！”先来的鬼说：“这是我的东西，我自己把它拿来的。”后来的鬼说：“这个死人确实是我扛来的。”两个鬼各拿住死人的一只手一条腿，争来争去。先来的鬼说：“这里有个活人，可以问问他。”

后到的鬼就问道：“这个死人是谁扛来的？”这个人想：这两个鬼力量都很大，说实话说诳话，全免不了一死。就说：“是头一个鬼扛来的。”后一个鬼大怒，拿住这个人的手臂，一拔就拔掉了，扔在地上。头一个鬼就拿死人的一只手臂给活人续上，一安，就贴上了。像这样，两只手臂、两条腿、脑袋、胴体，把全身都给换了。这样做了以后，两个鬼一块儿把换下来的人身各部分全给吃了，擦擦嘴，走了。

这个人想：我父母生给我的那个原身，我亲眼看见让两个鬼全给吃了。现在我这一身，全是别人身上的骨肉。我现在算是有身躯，还是没有身躯呢？要说有身躯，全都是别人的；要说没有身躯，我现在的身躯又是谁的？

他走到佛塔旁，向比丘请教，把前面发生的事，对他们说了。比丘们说："从开天辟地的本原开始，一直是'无我'的。我们的身躯，是由地、水、火、风化合而成。你本来的身躯和现在的没有两样。"比丘们度化他，他修行成道，得了阿罗汉果。

50 野狐从师子乞食得肥后为师子所食

原典

野狐从师子乞食得肥后为师子所食①

有野狐往从师子乞食，每得残余，往遂不息。正值师子饥未得食，便呼野狐，鼻嗅，便取吞之。未死，咽中呼言："大家活我！"师子心念：养汝肥脆②，当持备之③耳。汝复何云！

注释

①**野狐从师子乞食得肥后为师子所食：**本篇选自《经律异相》卷四十七《杂兽畜生部上》，原文出《譬喻经》

第八卷。

②**肥脆：**中古习用语，用于形容供食用的肉，口感又肥又嫩。如唐段公路《北户录》：“循州、雷州皆产黑象，牙小而红。土人捕之，争食其鼻，云：‘肥脆偏堪为炙。’”

③**当持备之：**今本《譬喻经》作“以备今日”。似已经后代人改动。句意虽相近，已失古本原貌。按：“当”字在中古的一个习用义，为副词性的“将、将要”。“当持备之”意为“将要拿来做应急后备之物”。

译文

有一只野狐到狮子那儿讨吃的，常常得到狮子吃剩的食物，于是就不断地去。这次去正赶上狮子饥饿没找到食物，就把野狐叫过来，用鼻子闻了闻，然后就逮过来吞了下去。野狐还没死的时候，在狮子的喉咙里叫喊道：“大人你让我活下来吧！”狮子心中想：我把你养得又肥又嫩，就是准备今天吃啊。你还叫喊什么！

51　一蛇首尾两诤从尾则亡

原典

一蛇首尾两诤[2]从尾则亡[1]

昔有一蛇，头尾自诤。头语尾曰：“我应为大！”尾语头曰：“我应为大！”头曰：“我有耳能听，有目能视，有口能食，行时在前，故可为大。汝无此术。”尾曰：“我令汝去，故得去耳。今我以身绕木三匝……”三日不已，不得求食，饥饿垂死。头语尾曰：“汝可放之，听[3]汝为大！”尾闻其言，即时放之。复语尾曰：“汝即为大，听汝前行。”尾在前行，未缘[4]数步，坠火坑而死。

注释

①**一蛇首尾两诤从尾则亡：** 本篇选自《经律异相》卷四十八《虫畜生部下》，原文出《杂譬喻经》(大正四·页五二八上)。

②**诤：** 以直率的言语争议。按佛教用语说，在意见不一致时，以言论定胜负，此种议论称为“诤”。

③**听：** 中古习用语，意为准许、让(听凭、听任，带有“随你的便、不管了、管不了啦”的意味)。如《世说新语·贤媛》：“武帝特听置左右夫人。”《世说新语·简傲》：“便令左右闭门，不听出。”

④**缘：**“攀缘”的“缘”，意为“爬”“向上爬”。

译文

从前有一条蛇，蛇头和蛇尾自己争辩起来。头对尾巴说：“我应该是老大！”尾巴对头说：“我应该是老大！”头说：“我有耳朵能听，有眼睛能看，有嘴能吃，走路时我在前边，所以可算得老大。你没有这些技能。”尾巴说：“我叫你走，你才能够走。现在我拿身体缠绕树上三圈……”缠了三天还不下来，蛇不能去寻食物，饿得快要死去。头对尾说：“你可以下来了，任凭你当老大吧！”尾巴听到它的话，当时就松下来了。头又对尾巴说：“你现在是老大了，任凭你在前边走吧！”尾巴就在前边走，没爬几步，蛇就掉到火坑里烧死了。

52　应生天堕地狱临终有迎见善恶处

原典

应生天堕地狱临终有迎见善恶处[①]

生天堕地狱，各有迎人。人病欲死时，眼自见来迎。应生天上者，天人持天衣[②]，妓乐来迎。应生他方[③]者，眼见尊人[④]，为说妙言[⑤]。应堕地狱者，眼见兵士持刀、盾、矛、戟、索，围绕之。所见不同，口不能言。各随所作，得其果报。天无枉滥[⑥]，平直无二。随其所作，天网[⑦]治之。

注释

①**应生天堕地狱临终有迎见善恶处**：本篇选自《经律异相》卷四十九《地狱部上》第八则，原文出《净度三昧经》。

②**天衣**：天人穿的衣服。特点是极轻，无须纺织和裁缝，自然生成。

③**他方**：别处、他乡。这里指转生到人类社会中别的地方。这个词语魏晋时始流行，《三国志·魏志·文德郭皇后传》："不得因势，强与他方人婚也。"

④**尊人**：这里是"菩萨"的异名。

⑤**妙言**：妙是梵语 Mañju 的意译，意为"殊胜、不可思议"。妙言即深妙不可思议的道理，指佛理。

⑥**枉滥**：枉法滥用刑罚，使无辜受害。这个词语也是魏晋南北朝时开始流行的。

⑦**天网**：这是个比喻性的词语，把天道比作大网，笼罩一切，作恶者逃不出上天的惩罚。

译文

人生天或者堕入地狱，都有接领他的人。人病得将要死的时候，眼睛自然地看见来接的人。应当生在天堂的，看见天人拿着天衣，奏着音乐来接引。应该生到人世间别处去的，眼睛看见菩萨来给他讲佛理。应该堕入地狱的人，眼睛就看见兵士拿着刀、盾、矛、戟、索，围绕着他。每人看见不同情景，嘴里却说不出话来。每人按自己素日的行为，得到他应得的果报。上天不乱用刑罚，公平正直。按照人们的行为，天网恢恢，逃脱不了上天的惩罚。

53　十八小地狱各有十八狱围绕阿鼻

原典

十八小地狱各有十八狱围绕阿鼻[①]

阿鼻地狱[②]有十八小地狱。小地狱各有十八黑暗地狱，十八小热地狱，十八刀轮地狱，十八剑轮地狱，十八火车地狱，十八沸屎地狱，十八镬汤地狱，十八灰河地狱；五百亿剑林地狱，五百亿刺林地狱，五百亿铜柱地狱，五百亿铁机地狱，五百亿铁网地狱；十八铁窟地狱，十八铁丸地狱，十八尖石地狱，十八饮铜地狱。如是等众多地狱。

阿鼻狱死，生寒冰中。寒冰狱死，生黑暗处八千万岁，目无所见，受大虫[③]身，宛转腹行，诸情暗塞[④]，狐狼食之。后生畜生五千万身，受鸟兽形。还生人中，六根不具，贫穷下贱。经五百身后，生饿鬼⑤。后遇善知识⑥，发菩提心。

注释

①**十八小地狱各有十八狱围绕阿鼻：**本篇选自《经律异相》卷五十《地狱部下》第二则，原文出《观佛三昧海经》（大正十五·页六六八以下）。

②**阿鼻地狱：**阿鼻，梵语 Avīci 的音译，有“无救、极热恼、大火猛热”等义。是八热地狱之一，处于诸狱之最底层。其中又分许多小狱，略如本则所述。

③**大虫：**动物。这里特指某些爬行动物。

④**诸情暗塞：**诸情，即六情，也就是“六根”。以眼、耳、鼻、舌、身、意皆具有情识，故称六情。暗塞，昏昧闭塞。

⑤**生饿鬼：**“生于饿鬼道中”的略语。

⑥**善知识：**梵语 Kalyāṇamitra 的意译，指引导众生舍恶修善入于佛道者。

译文

阿鼻地狱中又包含有十八个小地狱。每个小地狱各有十八个黑暗地狱，十八个小热地狱，十八个刀轮地狱，十八个剑轮地狱，十八个火车地狱，十八个沸屎地狱，十八个镬汤地狱，十八个灰河地狱；五百亿个剑林地狱，五百亿个刺林地狱，五百亿个铜柱地狱，五百亿个铁机地狱，五百亿个铁辋地狱；十八个铁窟地狱，十八个铁丸地狱，十八个尖石地狱，十八个饮铜地狱。诸如此类还有许多个地狱。

从阿鼻地狱死后，生到寒冰狱中。寒冰狱中死后，生到黑暗处八千万年，眼睛什么也看不见，转生成爬虫的身体，弯着身躯用肚子爬行，耳目等一切都闭塞不通，有狐狸和狼来吃它。以后转生为畜生五千万次，变的是鸟兽的形状。再回生到人中，六根不全，贫穷下贱。经过五百次转生后，生在饿鬼道中。以后遇到导引的修行人来救拔，这才生出信佛向道之心。

源流

从佛教类书的角度看,《经律异相》有它独有的特点，附录里周先生文中也做了概括。那就是：

一、“集经论”“震旦感应之缘不预焉”。它是专门纂集译出的佛经，中国的材料一点也没有。在现存中国佛教类书中,《经律异相》是仅有的一部不收中国佛教材料的；在现存的中国类书中,《经律异相》也是仅有的一部不收中国材料的。这是此书的一大特点。

二、它的编排，略依中国佛教徒当时所理解的佛家宇宙观，暗含着一些与佛家宇宙观不过分抵触的“天、地、人三部”编排思想。它的编排是：开头有分量不大的天部、地部，主干是大致相当于“人部”的“十法界”系统，基本上取单线串联到底的形式。

这种安排，使人从宏观的角度对佛家宇宙观系统一目了然，学术性很强。后来的《法苑珠林》《释氏六帖》等佛教类书，兼收中国佛教资料，旁及儒、道材料，内容庞杂。这就迫使它们一方面采取“十法界”这种从上界到下界的经线安排，以维持佛家宇宙观特点；另一方面，对中国材料如感应、征引和其他既不属同相又非异相的器物、酒食，以及道教的神仙高士等，只能以纬线方式插入，另行立部。这种双线编织法，固然能包容各类更多的资料，学术性却较差。作为中国佛教类书的源头之一，《经律异相》可说是源自南亚次大陆的一条溪水，它是清澈见本源的。它的下游诸水，却都是融汇九流十派了。

中国类书史的规律之一是：同类型的书，隔一段时期便有规模旧钞的新编出现。但是，特别在写本时代，这样就常导致旧编的书佚失。佛教类书亦如此。

魏晋南北朝时期，是中国编纂类书的发轫期和头一个高潮；南北朝又是中国编纂佛教类书的发轫期和头一个高潮。现在，魏晋南北朝时期编纂的类书，成部的全都佚失。如成书时间与《经律异相》相近的《类苑》和《华林遍略》早已不复存在。现存最早的完整类书，只有成于隋炀帝大业年间（公元六〇五—六一八年）的《北堂书钞》了。比《经律异相》成书约晚一百年。南北朝时期编纂的佛教类书，如宝唱参与辑录的多种，亦均不复存在。《法苑珠林》比《经律异相》成书约晚一百五十年。

《经律异相》是我国现存成部的最早类书和佛教类书，是我国现存成部的南北朝时期的唯一类书。

为什么《经律异相》能巍然独存？我们的见解是：正如上述，它特殊，以后没有同类著作出现——这大约与中国佛教越来越汉化，越来越主体化有关。它编得好，有阅读、学习、使用价值——无论从佛教、佛学，还是从其他方面说。而且，在我们这个时代，人们会越来越发现，此书有其新的使用价值。

研究中国图书史、类书史的著作，常把佛教和道教著作排除在外，这不公平，也没有好处。例如，讲丛书，只从南宋的《儒学警悟》等说起。实际上，南北朝已编佛藏，唐代已编道藏，非丛书而何？这一点已有人指出，如北大图书馆学系校友已故的卢中岳就提出过，不过注意的人不多。至于讲类书，更是很少谈到佛教类书。有的讲类书的书，著录了佚失的《法宝联璧》，却是一叶障目，不见《经律异相》，不知何故？如果注意到佛教类书，现有的中国类书史将全部改写，内容大为丰富。

类书在学术上的特殊作用，常被提到的，一是辑佚，二是校勘现存古籍。这两种工作的可能性和准确性，依赖于该类书本身篇幅是不是够大，抄录方式是否完善。若从这两方面来衡量《经律异相》，它却是大大地不合格。

首先说辑佚。田光烈氏统计，它保存佚书“约有一百四十种之多，但大半为别生抄经”。陈士强氏《〈经律异相〉大意》一文中则举出许多例证。田、陈二氏都明确指出，《经律异相》引据的书，多仅存片段。因此，仅据《经律异相》一书，吉光片羽，只可借以“推知原经大意”而已。

再说校勘。《经律异相》辑录的最大问题是用摘录法，只要能存大意，便隔三跳五。因此，用它来校现存各经，除个别字句外，一般不行。在读《经律异相》时，还得使用现存诸经来补《经律异相》中缺文。本选本中前三篇就是用引据的原经来补足的，是为例证。

解说

《经律异相》可称我国第一部翻译文学故事大系

中国佛典翻译始于东汉之末，极盛于南北朝隋唐，宋代以后衰落，绵延千余年，为世界翻译史上仅见的长期巨大工程。从文学角度看，通过翻译传入中国的许多南亚次大陆故事，包括《摩诃婆罗多》《罗摩衍那》等伟大史诗梗概和节译片段，以及大量被佛教利用改造过的寓言、故事等，以其怪诞离奇、绚丽诡异，对中国文学特别是小说，起了重大的潜移默化作用。

从某种意义上说，《经律异相》可说是一部译经故事大系。它是《大藏经》中最集中的一部译经故事库。从比较文学的角度看，中国古代许多小说和戏曲的源头都可以从《经律异相》中寻觅。当然，此书未收的，散在其他佛经中的也不少。可是要找比较文学史的灵感触机，此书却是最便当的。这就是它的一种新的使用价值。所谓“触机”，是指不仅仅停留在挖掘故事来源，看看中国人怎样改造、生发，洋为中用，化洋为土，就要多动点脑筋。再研究研究：有些翻译过来的东西，为什么在中国生不下根来，联系面可就更大了。

当然，《经律异相》引原书，多半是隔三跳五地摘抄。这一点，就不如《中国新文学大系》之类汇编性总集之成篇不动式引录。《经律异相》更像是一部梗概大全。因此，在这部书中找到文料触机后，必须尽可能地检对所据原书，那样，才能全睹原故事的风采。

限于篇幅，我们在本节中，只能概略地举出一些中国文学作品受佛经翻译故事影响的事例。方法是：先证明某些源头确是恒河水，再略述它流入中国境内的下游的衍变。

在这方面，笔者曾写过两篇文章：

一篇是《从“一角仙人”到“月明和尚”》，载于《周一良先生八十生日纪念论文集》。“一角仙人”的故事，在《经律异相》中题为《独角仙人情染世欲为淫女所骑》，载于卷三十九，系自《大智度论》卷十七中转录。《佛本行集经》卷十六、《佛所行赞》卷一等书中，也载有这个故事。

故事本身是从古代神话中截取而来，印度伟大史诗《罗摩衍那》第一篇八、九、十等三章中讲的就是该故事。可以把它看作是我国古代对这部大史诗的片段简单节译本——佛经中还有对史诗中其他故事的片段节译——按：汉族本来没有男女关系间禁欲的传统，而修行人被女人所迷而失戒，却是佛教故事的传统题材。如《拨劫仙人见王女发欲失通》《诸仙人见闻女人色声皆失神通》等皆是。汉化佛教描写失戒的故事，已脱离外国的本生经格式，而与“轮回报应”的宿世孽缘结合，来阐明因由。其传承蜕变之迹具见拙作该稿，请参阅。

另一篇《龙女报恩故事的来龙去脉》，载于《文学遗产》公元一九九二年第三期。按：中国六朝末年出现龙女，其渊源可追溯到南亚次大陆神话传说。《经律异相》卷四十三所载《商人驱牛以赎龙女得金奉亲》（引自《摩诃僧祇律》卷三十二），便是其中一例。其来龙去脉中，最有代表性的青出于蓝之作是《柳毅传》。后来如宋代的《朱蛇记》，清代《聊斋志异》中《西湖主》等诸篇，相承不绝。

还有进一步更加世俗化和社会化的，如《檀腻羁身获诸罪》（《经律异相》卷四十一，原出《贤愚经》卷十一）中那个有名的二母争儿故事，流传到元代，它的基本情节就衍变成李行道的《包待制智勘灰阑记》杂剧；到近代和现代，在欧洲又有沃尔亨、克拉崩、布莱希特改编的《高加索灰阑记》等三种戏剧，其影响竟及于千年之后。

其次是把学来的多种意匠往一块凑，画出一幅更新更美的中国画。试举一例：《聊斋志异》中《画皮》一则，堪称不朽名篇。但很少有人知道，它远绍西晋竺法护所译《修行道地经》第二十五品内的一个故事。此外，大约还关合《师子有智免罗刹女》(《承事胜己经》，今佚，上举片段存于《经律异相》卷四十三）和《杂譬喻经》《大智度论·二鬼负尸拔出手足头胁从人易之形改心存遇佛得道》中的换头、换身等故事，杂糅改造而成。

当然，过于不合中国国情的，就扎不下根来。例如载于《菩萨从兜术天降神母胎说广普经》卷七和《譬喻经》卷下等处的《罗睺罗有女帝释强求出兵攻战》故事，《经律异相》卷四十六载之，它实际上是两个部族间为争一个美女而战的故事的高度神异化。在欧洲以至南亚次大陆的神话传说中，这种事常成为引起冲突的导火线，并成为延续到底的故事主线。希腊神话中，美女海伦被拐，引起特洛伊战争，成为荷马史诗的题材；罗摩之妻悉多遭劫持，引起与罗刹的长期战争，则成为印度

《罗摩衍那》史诗的主干等等。

汉族务实，对女性往往从政治、社会伦理角度观察处置。为一个女人和外族打仗的事简直是绝无仅有。送美女和亲，倒是世代相传。由于和汉族固有的思想与行事相差太远，所以这种夺美类型故事就扎不下根来。再则，从佛教本身来说，它的价值也不大。所以，隋唐以下，这类故事逐渐湮没，要待“五四”以后再一次翻译新潮掀起时，才被重新引进。可是还没有汉化，只不过当西洋稀罕儿听罢了。

《经律异相》与中古汉语研究

中古汉语，一般指的是魏晋南北朝隋唐五代这一段历史时期的汉语，它已逐渐成为汉语研究的热门。限于篇幅，我们在这里只提与《经律异相》相关的两点。

一、魏晋南北朝时期，是中国译经的第一个高潮期。译出的经典数量庞大，已编成经藏。译家众多，所谓水平参差不齐。译文中出现了许多音译、意译或音加意译的名词术语，各译家自行其是，导致当时译文名词术语不统一。这一点，在《经律异相》的注中看得很清楚。宝唱等随处作注，大部分反映这类问题；还有一部分注，则是对同一故事的不同译文的详略繁简加以说明。按：译经文体雅化即书面语化，并逐渐定型，是唐代玄奘等中国大师，大开译场广集群贤切磋琢磨的结果。

此前，从东汉末到南北朝以至隋代，佛经译本虽多，但有一部分译得不太理想。主要是当时兼精胡汉两种语言文字的人太少。常是西域胡僧口述，汉人笔受。当时佛教初入东土，也得迎合中国人本来的语言风俗习惯，才能立定脚跟。

南北朝译经重“文”，即追求文从字顺和口语化，让一般人能听懂读懂，质直的译法不受欢迎。这是接受了后汉时早期译经的教训后，向普及化汉化发展的必然趋势。当然也有百花齐放之势。研究中国文体史特别是译经文体史，这段时期的译作，能提供大量不同风格的样本。《经律异相》可称它们的展示窗。那些注，就是带启发性的提示。

二、《经律异相》虽有节抄原书之弊，但并不改动原文。《法苑珠林》则按雅化书面语的标准，时做改动。研究中古汉语的人，因翻阅《大藏》艰苦且不便，常走捷径翻类书。常翻的是《法苑珠林》。不知《珠林》改动前代口语之处甚多，不足为据。至于引据《珠林》的外典如《太平广记》等，其肆意妄改处更多。如《商人驱牛以赎龙女得金奉亲》一则中，口语甚多，有识之士可按图索骥。仅举二例以概其余：

此则文中，把施恩者（自己尊敬的亲近的男性）称为“天”，使人想到近代妇女哭夫常叫的“我的天哪”。在南北朝时，属于口语中习用的一种第二人称，特指性别代用法范围。佛经译文中还有“德”“仁”，一般著作（如《世说新语》）中也有“卿”“公”等。《珠林》卷九十一所引尚作“天”，《太平广记》卷四百二十改为“君”，原意尽失。

“下食”，中古习用语，意为送上食物，意近于现代的“上菜”和“上饭”。“下种种食”，就是上各样饭菜。《世说新语》《南史》等外典中只有“下食”，这里出现了“下种种食”，使我们知道它是一个动宾词组，“下”之动词性用法有其本身独立性，中间可以镶入修饰语。这种用法似乎一直延续到近代，如明代何良俊《四友斋丛说》卷十八：“酒保持黄酒一大角，下生葱蒜两盘。”即是一例。《法苑珠林》大约嫌它太口语化，改为“即持种种饮食与之”；《太平广记》改为“即时种种饮食俱备”，好像饮食是立即变出来的。神奇有余，大失口语原意。

按：北魏慧觉等译《贤愚因缘经》等经文中亦有“下种种食”，说明在当时南北口语中均流行。这种可看出确为词组的“下”字带宾语的使动型用法，现在只能从佛经中找到了。

总之，作为研究中古汉语的资料，《经律异相》在类书中是颇为得用的一部。

附录

经律异相序

如来应迹投缘，随机阐教；兼被龙鬼，匪直天人。化启憍陈，道终须跋。文积巨万，简累大千。自西徂东，固难得而究也。若乃刘向校书，玄言久蕴；汉明感梦，灵证弥彰。自兹厥后，翻译相继。三藏奥典，虽已略周；九部杂言，通未区集。皇帝同契等觉，比德遍知；大弘经教，并利法俗；广延博古，旁采遗文。于是散偈流章，往往复出。今之所获，盖亦多矣。圣旨以为“象正浸末，信乐弥衰；文句浩漫，鲜能该洽”。

以天监七年，敕释僧旻等备钞众典，显证深文，控会神宗，辞略意晓，于钻求者已有太半之益。但希有异相，犹散众篇；难闻秘说，未加标显。又以十五年末，敕宝唱钞经律要事。皆使以类相从，令览者易了。又敕新安寺释僧豪、兴皇寺释法生等相助检读。于是博综经籍，择采秘要。上询神虑，取则成规。凡为五十卷，又目录五卷，分为五秩，名为《经律异相》。将来学者可不劳而博矣。

历代经录著录摘抄

（一）《历代三宝纪》

萧衍，兰陵人，受齐禅，亦都建康。帝既登极，思与苍生同契等觉，共会遍知。垂拱临朝，盛敷经教。广延博古，旁采遗文。扇以淳风，利于法俗。至天监七年，以为正像渐末，信乐弥衰，三藏浩漫，鲜能该洽。敕沙门僧旻、宝唱等录经律要事，以类相从，名《经律异相》，凡五十卷。至十四年，又敕沙门僧绍撰《华林佛殿众经目录》四卷。犹以未委。至十七年，又敕沙门宝唱更撰《经目》四卷。显有无译，证真伪经，凡十七科，颇为觌缕。

（卷十一）

沙门释宝唱　八部（一百七卷，杂录）

（卷十一）

《经律异相》一部并目录五十五卷(天监十五年敕撰)

《名僧传》并序目录三十一卷

《众经饭供圣僧法》五卷(亦十五年)

《众经目录》四卷(十七年)

《众经护国鬼神名录》三卷(十五年)

《众经诸佛名》三卷(十六年)

《众经拥护国土诸龙王名录》三卷(十六年)

《众经忏悔灭罪方法》三卷(或四卷。十六年。并见《宝唱录》)

右八部,合一百七卷。帝以国土调适,住持无诸灾障,上资三宝,中赖四天,下借龙王众神祐助。如是种种,世间苍生始获安乐。虽具有文,散在经论,急要究寻,难得备睹。故天监中频年降敕,令庄严寺沙门释宝唱等总撰集录,以备要须。或建福攘灾,或礼忏除障,或飨神鬼,或祭龙王。诸所祈求,帝必亲览。指事祠祷,讫多感灵。所以五十年间兆民荷赖,缘斯力也。

(卷十一)

《华林佛殿众经目录》四卷

右一录,四卷。天监十四年,敕安乐寺沙门释僧绍撰。绍略取祐《三藏集记》目录,分为四色,余增减之。见《宝唱录》。

(卷十一)

《众经要抄》一部并目录八十八卷

右一部，八十八卷。天监七年十一月，帝以法海浩博，浅识窥寻卒难该究，因敕庄严寺沙门释僧旻等于定林上寺缉撰此部。到八年夏四月方了。见《宝唱录》。（卷十一）

（二）《众经目录》（《法经录》）

卷第六　佛灭度后撰集录第七　此方诸德抄集二：

《经律异相》五十卷　梁武帝令宝唱撰

（三）《众经目录》（《仁寿录》）

卷第三　别生（于大部内抄出别行）别集抄：

《经律异相》五十卷　梁武帝令沙门宝唱等撰

（四）《众经目录》（《静泰录》）

卷第三　别生（于大部内抄出别行）别集抄：

《经律异相》五十卷　梁武帝令沙门宝唱等撰

（五）《大唐内典录》

卷第四　梁朝传译佛经录第十二：

弘传圣教，随代兴隆，其中高者，无越梁祖。衍字叔达，兰陵人也。承齐建命，亦都建康。登极思济，同契等觉；垂拱临朝，盛弘经教；广延博古，旁采遗文；扇以淳风，利之法俗。祖祢相承，尊事老氏，及临大宝，下敕断之，唯以佛宗开物成务。天监七年，帝以正像浸末，信重渐微，三藏弥纶，鲜能该洽，敕沙门僧旻等撰

《经律异相》，以类相从，凡五十卷。皇太子纲撰《法宝联璧》二百余卷。诸余杂集，其徒寔繁。又敕沙门僧绍撰《华林佛殿众经目录》四卷。帝具省之，周洽未委。又敕沙门宝唱更缵经目，乃显译有无，证经真伪，凡十七科，颇为觇缕。……

沙门释僧旻一部八十八卷（经抄）

沙门释僧绍一部四卷（录目）

沙门释宝唱九部一百七卷（杂录）……

《众经要抄》一部并目录八十八卷

右一部，天监七年十一月，帝以法海浩博，浅识窥寻卒难该究，因敕庄严寺沙门释僧旻等于定林上寺缉撰此部。到八年夏四月方了。见《宝唱录》。

《华林佛殿众经目录》四卷

右一录，天监十四年，敕安乐寺沙门释僧绍略取祐《三藏集记》目录，分为四色，余增减之。见《宝唱录》。

《经律异相》一部并目录五十五卷（天监十五年敕撰）

《名僧传》并序目三十一卷

《众经饭供圣僧法》五卷（亦十五年）

《众经目录》四卷（十五年）

《众经护国鬼神名录》三卷（十五年）

《众经诸佛名》三卷（十五年）

《众经拥护国土诸龙王名录》三卷（十六年）

《众经忏悔灭罪法》三卷

《出要律仪》二十卷

右九部，合一百二十七卷。帝以国土调适，住持无诸灾障，上资三宝，中赖四天，下借龙王众神祐助，如是种种，世间苍生始获安乐。虽具有文，散在经论，急要究寻，难得备睹。故天监中频年降敕，令庄严寺沙门释宝唱等总撰集录，以备要须。或建福攘灾，或礼忏除障，或飨神鬼，或祭龙王，诸所祈求，帝必亲览。指事祠祷，讫多感灵。所以五十年间兆民荷赖，缘斯力也。

卷第十　历代道俗述作注解录第六：

梁扬都大庄严寺沙门释僧旻奉敕撰《众经要抄》八十八卷……

梁扬都庄严寺沙门释宝唱奉敕撰诸经律相合一百余卷：

《经律异相》并目（五十五卷）

《出要律仪》（二十卷并《翻梵言》三卷）

《名僧传》并序目（三十一卷）

《饭圣僧法》（五卷）

《众经目录》（四卷）

《众经护国神录》（三卷）

《众经护国龙录》（三卷）

《众经灭罪法》（三卷）

（六）《开元释教录》

卷第六　总括群经录上之六：

沙门僧伽婆罗，梁言“众铠”，亦云“僧养”，扶南国人也。幼而颖悟，早附法律，虽经论具探，而偏习对法。声闻渐布，垂誉海南。具足已后，广精律藏。勇意观方，乐崇开化。闻齐国弘法，随舶至都，住正观寺。为天竺沙门求那跋陀弟子。……大梁御宇，搜访术能，以天监五年被敕征召，于梁都寿光殿、华林园、正观寺、占云馆、扶南馆等五处传译。即以天监五年景戌至普通元年庚子，译《文殊》《般若》等经十部。初翻经日，于寿光殿，武帝躬临法座，笔受其文，然后乃付译人，尽其经本。敕沙门宝唱、慧超、僧智、法云及袁昙允等相对疏出，华质有叙，不坠译宗。……普通五年，因疾卒于正观寺。春秋六十有五。……

《经律异相》五十卷（天监十五年奉敕撰录。云并目录五十五卷。今阙其目，但五十卷。其目但纂篇题，应无别事。见《宝唱录》及《长房录》）……

卷第十三　总录　有译有本录中圣贤传记录第三。此方撰述集传：

《经律异相》五十卷五帙　梁天监十五年敕沙门宝唱等撰（出《长房录》，新编入藏）

卷第十七　别录　补阙拾遗录中此方所撰传记（于

大法裨助光扬，故补先阙，编之见录）：

《经律异相》五十卷　梁敕沙门宝唱等撰

卷第二十　入藏录下：

《经律异相》五十卷五帙八百二十七纸

（七）《开元释教录略出》

卷第四：

《经律异相》五十卷　梁天监十五年敕沙门宝唱等撰　自五帙计八百五十四纸

灵、丙、舍、傍、启（按：《千字文》号帙号）

（八）《贞元新定释教目录》

卷第九　总集群经录上之九：

（按：录同《开元释教录》卷第六）

卷二十三　有译有本录：

（按：录同《开元释教录》卷第十三）

卷二十七　别录中补阙拾遗录第五：

（按：录同《开元释教录》卷第十七）

卷三十　入藏录下：

（按：录同《开元释教录》卷第二十）

（九）《大藏圣教法宝标目》

《经律异相》五十卷

仙、灵、丙、舍、傍（按：《千字文》号帙号）

右梁天监中，敕僧旻等及禀武帝，节略经律论事。

凡六部：一天，二地，三佛，四诸释，五菩萨，六声闻、比丘、比丘尼、人、鬼、神、杂畜、地狱。

（十）《至元法宝勘同总录》

卷第十

《经律异相》五十卷　总二十一部共六百三十九条

梁天监十五年敕宝唱等译出《长房录》

上一集五十卷，五帙，“回”至“感”，五号。

《大藏经》收录情况简述

北宋版《开宝藏》首刻入藏，今佚。童玮《北宋〈开宝大藏经〉雕印考释及目录还原》（书目文献出版社一九九一年版）中《还原目录》列入“十五　此方撰述集传”，著录为：

丙、舍、傍、启、甲（按：《千字文》号）一集五十卷五帙

《经律异相》五十卷　梁·宝唱等撰

大陆现存的最早入藏刻本，为现藏于北京图书馆的南宋绍兴十八年（公元一一四八年）福州开元寺刻《毗卢藏》本残卷三卷。据程有庆君检读后见告：存卷十二（《千字文》“丙”字号）、二十一（《北京图书馆古籍善本书目》误印为二十二）、二十九（均“舍”字号）。知

本书在该藏中帙号为“灵、丙、舍、傍、启”。

《金藏》“广胜寺本”中有本书残卷，影印收入《中华大藏经》第五十二、五十三两册中，将于一九九三年出版。据“中华大藏经编辑局”王克禄见告：“广胜寺本”卷三、五、八、九、十、十一、二十五、三十三、三十七、四十四、五十等计十一卷全佚，又，卷七残存一至四版，卷四十七之一至二十二版全佚。以上共十三卷，影印本均用《再刻高丽藏》本配补。两藏帙号全同，为“仙、灵、丙、舍、傍”。《再刻高丽藏》五十卷全备，且存有全部版木，为现存最早的完整刻本。《高丽藏》的影印本，有新文丰出版公司复印的一九七六年韩国“高丽大藏经完刻推进委员会”影印本，书名《影印高丽大藏经》，附新编总目、索引、解题。

《碛砂藏》中，本书收入“灵、丙、舍、傍、启”五帙，据卷四十一、四十六两卷尾题，刻成于元大德五年（公元一三〇一年）九月。一九三四年，上海影印宋版藏经会《影印宋碛砂版大藏经》收入第四四至四四四册。其中有七整版（“灵”帙第二十二至第二十八版）用《普宁藏》版影配。尚有十二版（“灵”帙第三十六版下至四十八版下）、一版（“舍”帙第五十版下至五十一版上）、六版半（“傍”帙第十二至十四版、四十六版下至四十七版上、五十六版下、七十四版、八十一版）、十版

（“启”帙第七十四至八十三版）等二十九版半用《思溪藏》版影配。共计影配三十六版半。一九八八年，上海古籍出版社据《影印碛砂藏》本再影印。以其单行易得，故详记其补版情况于此，以便一般读者注意检用。《碛砂藏》本每卷之首，书题之下列出帙、卷号，如“《经律异相》卷第七　灵七”，次行著录作者为“梁沙门宝唱等撰”。但自第三十一卷以下，著录作者改为“梁沙门僧旻宝唱等集”。

南宋版各藏及元《普宁藏》，均将本书列入“灵、丙、舍、傍、启”五帙。

《至元法宝勘同总录》，将本书列入“回、汉、惠、说、感”五帙。

明永乐《南藏》，列入“路、侠、槐、卿、户”五帙。

明《北藏》与《清藏》(《乾隆藏》)，均列入“经、府、罗、将、相”五帙。《清藏》雕版现存。

日本弘教书院刊印的《大藏经》(《弘教藏》)，收入“雨”函之二至四册。

日本藏经书院刊印的《大藏经》(《卍字藏》)，收入第二十七套之四至六册。

日本《大正新修大藏经》，用《高丽藏》本为底本排印，以宋、元、明诸藏中各本校勘，出校记。收入其第五十三卷。

本书宋代以下入藏及著录情况，大致如是。按：现存宋刻诸藏，本书的《千字文》帙号均为“灵、丙、舍、傍、启”，与《开元释教录略出》相同。《金藏》与《再刻高丽藏》,《千字文》号均为“仙、灵、丙、舍、傍”。它们都源自《开宝藏》。估计《开宝藏》的《千字文》号恐与其中之一种相同。

可作为佐证的，是宋代释惟白等编撰的《大藏经纲目指要录》卷八，宋代王古编撰的《大藏圣教法宝标目》，均将本书帙号列为“仙、灵、丙、舍、傍”。他们所阅的大藏，估计均为《开宝藏》，因此，推断《开宝藏》的本书帙号，恐为“仙、灵、丙、舍、傍”，而不是“丙、舍、傍、启、甲”。再从而旁推受《开宝藏》影响的《辽藏》(《契丹藏》)，并可兼从与《辽藏》有渊源的《金藏》与《再刻高丽藏》逆推《辽藏》，推断《辽藏》的帙号，恐亦为“仙、灵、丙、舍、傍”。

《续高僧传·释宝唱传》卷一（节录）

释宝唱，姓岑氏，吴郡人——即有吴建国之旧壤也。少怀恢敏，清贞自蓄。顾惟只立，勤田为业，资养所费，终于十亩。至于傍求，佣书取济。寓目流略，便能强识。文采铺赡，义理有闻。

年十八，投僧祐律师而出家焉。祐江表僧望，多所制述，具如前传纪之。唱既始陶津，经律咨禀。承风建德，有声宗嗣。住庄严寺。博采群言，酌其精理。又惟开悟土俗，要以通济为先，乃从处士顾道旷、吕僧智等，习听经、史、《庄》、《易》，略通大义。时以其游涉世务，谓有俗志。为访家室，执固不回。

将及三十，天荫既崩，丧事云毕。建武二年，摆拨常习，出都专听。涉历五载，又中风疾。会齐氏云季，遭乱入东，远至闽越，讨论旧业。天监四年，便还都下，乃敕为新安寺主。帝以时会云雷，远近清晏，风雨调畅，百谷年登，岂非上资三宝，中赖四天，下借神龙，幽灵叶赞，方乃福被黔黎，歆兹厚德。但文散群部，难可备寻。下敕令唱总撰集录，以拟时要。或建福禳灾，或礼忏除障，或飨接神鬼，或祭祀龙王。部类区分，近将百卷。八部神名以为三卷，包括幽奥，详略古今。故诸所祈求，帝必亲览，指事祠祷，多感威灵。所以五十许年，江表无事，兆民荷赖，缘斯力也。

天监七年，帝以法海浩汗，浅识难寻，敕庄严僧旻于定林上寺缵《众经要抄》八十八卷；又敕开善智藏缵众经理义，号曰《义林》，八十卷；又敕建元僧朗注《大般涅槃经》七十二卷。并唱奉别敕，兼赞其功，纶综终始，缉成部帙。及简文之在春坊，尤耽内教，撰《法宝联璧》二百余卷，别令宝唱缀纰，区别其类——《遍略》之流。帝以佛法冲奥，近识难通，自非才学，无由造极，又敕唱："自大教东流，道门俗士有叙佛理著作弘义，并通鸠聚。"号曰《续法轮论》，合七十余卷。"使夫迷悟之宾，见便归信。"深助道法，无以加焉。又撰《法集》一百四十卷。并唱独断专虑，缵结成部。既上亲览，流通内外。

十四年，敕安乐寺僧绍撰《华林佛殿经目》。虽复勒成，未惬帝旨。又敕唱重撰。乃因绍前录，注述合离，甚有科据——一帙四卷。雅惬时望，遂敕掌华林园宝云经藏。搜求遗逸，皆令具足。备造三本，以用供上。缘是又敕撰《经律异相》五十五卷、《饭圣僧法》五卷。……

唱当斯盛世，频奉玺书，预参翻译，具如别传。初唱天监九年先疾复动，便发二愿：遍寻经论，使无遗失；搜括列代僧录，创区别之，撰为部帙——号曰《名僧传》，三十一卷。至十三年，始就条列。其序略云："夫深求寂灭者，在于视听之表；考乎心行者，谅须丹青之工。是知万象森罗，立言之不可以已者也。大梁之有天下也，威加赤县，功济苍生。皇上化范九畴，神游八正，顶戴法桥，伏膺甘露。窃以外典鸿文，布在方册；九品六艺，尺寸罔遗。而沙门净行，独亡纪述。玄宗敏德，名绝终古；拥叹长怀，靡兹永岁。律师释僧祐，道心贞固，高行超邈，著述集记，振发宏要。宝唱不敏，预班二落。礼诵余日，捃拾遗漏。”文广不载。

初以脚气连发，入东治疗。去后敕追，因此抵罪，谪配越州。寻令依律，以法处断。僧正慧超任情乖旨，摈徙广州:“先忏京师大僧寺遍，方徙岭表，永弃荒裔。”遂令鸠集，为役多阙。昼则伏忏，夜便缵录。加又官私催遍，惟日弗暇。中甄条流，文词坠落。

将发之日，遂以奏闻。有敕停摈，令住翻译。而此僧史方将刊定，改前宿繁，更加芟定。故其传后自序云:“岂敢谓僧之董狐，庶无曲笔耳。”然唱之所撰，文胜其质。后人凭据，揣而用之。故数陈赏要，为时所列。不测其终。

《经律异相》提要

梁释宝唱撰。唱姓岑氏，吴郡人。为僧祐弟子，居庄严寺。事迹具详唐释道宣《续高僧传》。传称梁天监七年，敕庄严僧旻缵《众经要抄》八十八卷，开善智藏缵《义林》八十卷，建元僧朗注《大般涅槃经》七十二卷，唱并兼赞其功，十五年武帝又敕令唱总撰众经以拟时要，或建福禳灾，或礼忏除障，或飨接神鬼，或祭祀龙王，部类区分，近将百卷，《八部神名》以为三卷。又敕唱鸠聚《续法轮论》七十余卷,《法集》一百三十卷，重撰《众经目录》四卷,《经律异相》五十五卷,《饭圣僧法》五卷。盖唱逢斯盛世，频奉玺书，预参翻译，博闻强记之功，当时无两焉，又尝搜括僧录，撰《名僧传》三十一卷。

考《历代三宝纪》载唱所撰集凡八部，一百七卷。其中《众经诸佛名》二卷，所以建福禳灾者也；《众经忏悔灭罪法》三卷，即今之《慈悲道场忏法》，所以礼忏除障者也；《众经护国鬼神名录》三卷，所以飨接鬼神者也；《众经拥护国土诸龙王名录》三卷，所以祭祀龙王者也。此外则《众经目录》《供圣众法》《名僧传》《经律异相》四部。《大唐内典录》增《出要律仪》二十卷,《开元释教录》增《比丘尼传》四卷，而前九种中唯载《经律异相》五十卷，是其目五卷已阙废矣。

是书乃总集经论所说十法界中一切依正二报，以及如来并诸弟子本生本事之文，分为四十部：天地有三部，佛有四部，菩萨有四部，声闻有六部，人趣中国王、夫人、王子、王女、长者、仙人、庶民等凡有十八部，鬼神有一部，畜生有三部，地狱有一部。各部复有子目，凡有六百五十六目，而子目之中或复有科目焉。凡集经论二百七十种，间有佚经之文，而震旦感应之缘不预焉。所以明因果，崇敬信，此书为最，所谓可以兴可以劝者也。

按：北宋释惟白《大藏经纲目指要录》卷八《经律异相》项下，逐卷各作提要，以撮述而非全列小标题方式，标示各卷内容。北宋王古《大藏圣教法宝标目》中，《经律异相》之简单提要已抄引在前。明代释智旭《阅藏知津》卷四十三“杂藏，此方撰述第二之二·九·纂集”中，亦有《经律异相》提要，只列出各部名目并所在各卷卷次，结以“并引大小诸经中事相，以示劝诫”一语而已。为《经律异相》所作具有学术性之详赡提要，当以周叔迦先生此文为嚆矢。后来《中国佛教》第四册（中国佛教协会编，知识出版社公元一九八九年版）载有田光烈所作“经律异相”专条，具有百科全书词条性质。《五台山研究》杂志公元一九八八年第四期，载有陈士强《经律异相大意》一文。均曾参考，获益良多。

（录自《周叔迦佛学论著集》）

出版后记

星云大师说："我童年出家的栖霞寺里面，有一座庄严的藏经楼，楼上收藏佛经，楼下是法堂，平常如同圣地一般，戒备森严，不准亲近一步。后来好不容易有机缘进到藏经楼，见到那些经书，大都是木刻本，既没有分段也没有标点，有如天书，当然我是看不懂的。"大师忧心《大藏经》卷帙浩繁，又藏于深山宝刹，平常百姓只能望藏兴叹；藏海无边，文辞古朴，亦让人望文却步。在大师倡导主持下，集合两岸近百位学者，经五年之努力，终于编修了这部多层次、多角度、全面反映佛教文化的白话精华大藏经——《中国佛教经典宝藏》，将佛教深睿的奥义妙法通俗地再现今世，为现代人提供学佛求法的方便途径。

完整地引进《中国佛教经典宝藏》是我们的夙愿，

三年来，我们组织了简体字版的编审委员会，编订了详细精当的《编辑手册》，吸收了近二十年来佛学研究的新成果，对整套丛书重新编审编校。需要说明的是此次出版将丛书名更改为《中国佛学经典宝藏》。

佛曰：一旦起心动念，也就有了因果。三年的不懈努力，终于功德圆满。一百三十二册，精校精勘，美轮美奂。翰墨书香，融入经藏智慧；典雅庄严，裹沁着玄妙法门。我们相信，大师与经藏的智慧一定能普应于世，济助众生。

东方出版社

图书在版编目（CIP）数据

经律异相 / 李鼎霞，白化文 释译．—北京：东方出版社，2018.10
（中国佛学经典宝藏）
ISBN ISBN 978 - 7 - 5060 - 8561 - 8

Ⅰ．①经…　Ⅱ．①李…②白…　Ⅲ．①佛教—教义②《经律异相》—注释③《经律异相》—译文　Ⅳ．① B94

中国版本图书馆 CIP 数据核字（2015）第 267834 号

经律异相
（JINGLǙ YIXIANG）

释 译 者：李鼎霞 白化文
责任编辑：王梦楠
出　　版：东方出版社
发　　行：人民东方出版传媒有限公司
地　　址：北京市东城区东四十条 113 号
邮　　编：100007
印　　刷：北京京都六环印刷厂
版　　次：2018 年 10 月第 1 版
印　　次：2018 年 10 月第 1 次印刷
开　　本：880 毫米 ×1230 毫米 1/32
印　　张：11.5
字　　数：203 千字
书　　号：ISBN 978 - 7 - 5060 - 8561 - 8
定　　价：60.00 元
发行电话：（010）85924663　85924644　85924641